8시간에 끝내는 기초영어 미드천사: 기초회화 패턴

"English Speaking with American Drama Angel within 8 Hours: Pre-Basic Pattern"
Copyright © Mike Hwang 2015 All rights reserved.

"X-File(1), Glee(6), Modern Family(7), The Simpsons(9), "
Copyright © 20th Century Fox Television All rights reserved.

"Lost(2), Desperate Housewives(8)"
Copyright © ABC Studios All rights reserved.

"Friends(3), The Big Bang Theory(4), Gossip Girl(5)"
Copyright © Warner Bros. Television All rights reserved.

"Game of Thrones(10)"
Copyright © HBO All rights reserved.

8시간에 끝내는 기초영어 미드천사: 기초회화 패턴

1판 1쇄	2015년 11월 14일
1판 4쇄	2020년 3월 14일
지은이	Mike Hwang
발행처	Miklish
주소	서울시 서대문구 홍제동 156-361 동부캐슬 501호
전화	010-4718-1329, 070-7566-9009
홈페이지	miklish.com
e-mail	iminia@naver.com
ISBN	979-11-951702-8-9

국립중앙도서관 출판예정도서목록(CIP)

8시간에 끝내는 기초영어 미드천사 : 기초회화 패턴
= English speaking with American drama angel within 8 hours:
  pre-basic pattern / 지은이: Mike Hwang. --
서울 : Miklish, 2015   160p. ;   12.7cm X 18.8cm

본문은 한국어, 영어가 혼합수록됨
ISBN 979-11-951702-8-9 14740 : ₩11400
ISBN 979-11-951702-7-2 (세트) 14740

영어 회화[英語會話]

747.5-KDC6
428-DDC23   CIP2015026616

8시간에 끝내는 기초영어 미드천사

8시간에 끝내는 기초영어 미드천사 : 기초회화 패턴

Mike Hwang

Miklish*
.com

머리말 Q

머리말 Q > A > 무료 강의 > 책 사용법 > 10 미드 선정 > 미드 보는 법 > 1004 어휘 > 품사별 어휘 > 전치사 > 차례

문법을 몰라도 된다?

문법을 모르고도 영어를 잘할 수 있는 시기는 3살 이전에(모국어가 결정되지 않은 경우) 약 500시간 이상 영어에 노출하면 조금씩 할 수 있게 됩니다. 물론 이후에도 꾸준히 영어로 상호작용을 해야 효과가 있습니다.

하지만 약 7살부터는 문법 없이 영어를 잘할 수 없습니다. 기초적인 문장은 만들 수 있겠지만, 중급 이상의 회화는 불가능합니다.

초등학교에서 배우는 대부분의 영어는 문법에서 벗어난 '기초 영어'이고, 중학생 이후엔 독해를 위해 '분석하는 영어'를 배웁니다. 그런 영어는 말하는 데 큰 도움이 되지 않습니다. 그렇게 배워서는 일주일에 5시간씩 10년(2,400시간)을 해도 일상회화가 어렵습니다. 참고로 한 언어를 익히는데 3,000시간 정도가 걸립니다. 능숙하게 하는 데는 사천~만 시간 정도가 걸리고요.

그렇다고 학원을 다니면(물론 학원과 학습 시간에 따른 차이는 있습니다), 수업 중에는 영어가 되는 것 같은데, 실제로 외국인을 만나면 말이 안 나옵니다. 그 이유는 수업 중에는 상황별로 정해진 영어를 배우지만, 현실에서는 그 상황대로 흘러가지 않기 때문입니다.

그래서 필요한 것이 '문법 패턴'입니다. 제가 그동안 낸 책들 대부분은 문법을 기반으로 해서 말하기나 쓰기를 훈련하는 책들입니다. 일단 문법 패턴이 익혀지면, 이후는 시간문제입니다. 영어로 관심 있는 것들을 꾸준히(약 1년~3년) 하다 보면, 중급 이상의 영어를 할 수 있게 됩니다.

자막 없이 미드 본다?

자막 없이 미국 드라마를 볼 수 있다고 거짓 광고하거나, 미드로 영어 공부하는 분들이 많습니다. 그런데 자막 없이 미드를 이해하는 수준은 보통 수준이 아닙니다. 1~2년 정도 유학을 했거나, 영어를 전공한 사람도 자막 없이 미드 볼 수 있는 사람은 드뭅니다.

기초 실력 없이는 아무리 미드를 많이 봐도 실력이 오르지 않습니다. 그 이유는 한국어는 영어와 구조가 완전히 다르기 때문인데요(참고로 일본어는 문법이 비슷해서 한글 자막 틀어놓고 보면 자연스럽게 일본어가 됩니다). 한국어와 영어의 차이점을 이해하고(강의 듣기 http://goo.gl/p576xq), 영어를 영어로 받아들일 수 있어야 말할 수 있습니다. 그러려면 기본적인 영어의 문법 구조를 체득해야 합니다. 이 책의 목표는 그 문법 구조를 미드를 통해 말하기로 익히는 것입니다. 그 이후에는 영어의 적응 속도에 따라서 실력이 늘어납니다. 이 책만 익힌다고 자막 없이 미드를 볼 수는 없습니다. 하지만 그동안은 미드를 봐도 실력이 늘지 않았다면, 이제는 보면 볼수록 실력이 늘게 됩니다. 그때부터는 최대한 영어를 많이 접하고, 말하고, 듣고, 써봐야 합니다.

이 책은 <8시간에 끝내는 기초영어 미드천사: 왕초보 패턴>의 다음 책입니다. 미드천사의 다음 단계는 이미 출간된 <6시간에 끝내는 생활영어 회화천사: 5형식/준동사>입니다. 이 책(미드천사 시리즈)조차 어렵다면 <8문장으로 끝내는 유럽여행 영어회화>를 추천해드립니다.

머리말 A

> 머리말 Q > **A** > 무료 강의 > 책 사용법 > 10 미드 선정 > 미드 보는 법 > 1004 어휘 > 품사별 어휘 > 전치사 > 차례

한국어와 영어의 차이 강의 듣기 http://goo.gl/p576xq

외국인을 만났는데, 외국인이 '너 밥 먹었니?'라고 묻자,
'나는 집에서 밥을 먹는다.'를 말하려고 합니다.
나는 I, 집은 home, 밥은 rice, 먹는다는 eat 이니까.
'I home rice eat'라고 말하지만 외국인이 이해하지 못합니다.
왜 이해하지 못할까요?

그 이유는 한국말에는 '~가', '~를' 등의 조사가 있지만,
영어에는 조사가 없기 때문입니다. 그래서 I home rice eat라고 말하면,
나(I)를 먹는지, 집(home)을 먹는지, 밥(rice)을 먹는지 알 수 없습니다.

대신에, 영어에서는 첫 번째 단어에는 '~가'가 붙고, 두 번째 단어에는 '~한다'
가 붙고, 세번째 단어에는 '~를'이 붙습니다.
옳은 문장은 I eat rice (at home).입니다. 보이지는 않지만, I 다음에는 내가
가 있고, eat 다음에는 먹는것을 한다, rice 다음에는 밥을이 있는 것입니다.

쉽게 말해, 영어는 대부분 '누가-한다-무엇을'의 구조를 갖습니다. 영어문장 전체의 80% 이상이 이 구조이며(Complex Sentences by Susan Mandel Glazer), 이 구조에 익숙한 정도가 영어를 얼마나 잘하느냐를 결정합니다.

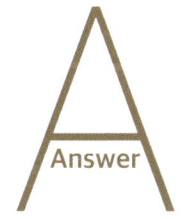

미드 영어 공부법

무조건 많이 보는 것보다는 적은 편수를 반복해서 보는 편이 효과적입니다. 마음에 드는 미드를 선정해서 한 에피소드를 여러 번 보고, 그다음 에피소드를 여러 번 보는식으로 공부하시면 됩니다. 이 책의 미드 중에서 난이도가 낮은 미드는 로스트나 엑스파일을 추천해드립니다.

1 한 에피소드를 한글자막으로 먼저 한번~5번 정도 보고(지루하면 한 번만),

2 영어자막으로 두 번~10번 반복해서 보고(지루하면 한 번만),

3-A (3-A, 3-B 중 택1) 영어자막으로 반복(약 1분)해서 보면서 여러번 따라 말하고, 잘 되면 영어자막을 없애고(단축키 alt+H) 들리는대로 따라 말합니다. (곰플레이어의 반복 시작 지점 키는 '[', 반복 끝 지점은 ']', 반복 종료는 'W')

3-B 영어자막 없이 구간별 반복해서 들으면서 받아 적고(어렵다면 이것은 생략), 영어자막 없이 들리는 대로 따라 말하면서 보세요.

3-A가 더 쉽고, 3-B는 조금 어렵습니다. 3-A로 한번 한 뒤, 3-B로 다시 해도 좋습니다. 지루해서 이 방법으로 못 하시겠다면, 그냥 영어자막으로 많이 보셔도 안 보는 것보다는 훨씬 낫습니다. 좋아하는 영화를 이 방법으로 하셔도 좋습니다(4시간에 끝내는 영화영작 참고).

영어를 잘하는 분이라면 한글자막을 보지 않고, 영어자막으로만 보면 됩니다. 미드의 영어자막은 tvsubtitles.net이나 miklish.com에 있습니다. 영어 공부하시다가 궁금한 점도 miklish.com에 질문하시면 3일 내에 답변해드립니다.

무료 강의

팟캐스트 링크
goo.gl/8id6df

http://goo.gl/8id6df 에 접속하시면, 설치 필요 없이 들을 수 있습니다.

머리말 Q > A > **무료 강의** > 책 사용법 > 10 미드 선정 > 미드 보는 법 > 1004 어휘 > 품사별 어휘 > 전치사 > 차례

팟빵(팟캐스트)으로 듣기

다른 영어 강의도 찾아서 들을 수 있습니다.

'팟빵'을 검색해서
앱을 다운 받는다.

왼쪽 상단을 클릭 후, 세 번
째 아이콘 '검색'을 클릭.

'마이클리시'나 '미드천사'
를 검색.

곧 환갑이신 저희 어머니께서
영어를 정복할 수 있을까요?

bit.ly/396jz2c에서 자료를 신청하시면 무료강의를 이메일로 보내드립니다.

마이클리시 링크

질문답변, 공부법, 영상, 자막 MP3 등 다양한 정보를 얻을 수 있습니다.

miklish.com에서 듣기

1 QR코드로 듣기 책에서 QR코드가 나올 때마다 쉽게 들을 수 있습니다.

'네이버'를 검색해서 앱을 설치.

검색창 오른쪽의 마이크 표시를 클릭.

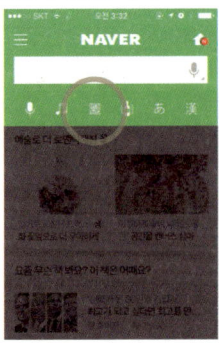
세 번째 아이콘인 QR코드 클릭.

2 인터넷으로 접속해서 듣기 설치 필요 없이 들을 수 있습니다.

컴퓨터나 휴대폰의 인터넷 창에서 miklish.com 접속.

게시판 클릭

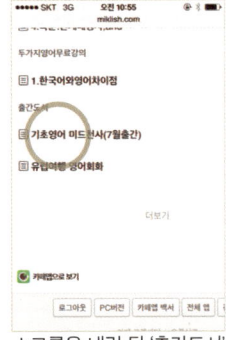
스크롤을 내린 뒤 '출간도서'의 '기초영어 미드천사' 클릭.

책 사용법

> 머리말 Q > A > 무료 강의 > **책 사용법** > 10 미드 선정 > 미드 보는 법 > 1004 어휘 > 품사별 어휘 > 전치사 > 차례

책의 구성

page 44-45

page 46-47

❶ 미드 소개와 등장인물. 금색 글씨의 이름은 오른쪽 페이지(p.37)에서 등장하는 주요 인물.

❷ 미드의 인기순위, 연령별 선호도(높은 것은 진한 푸른색), QR코드, 미드 정보.

❸ 미드의 에피소드 줄거리. 중간의 붉은 문장은 그 단원에서 등장하는 문장.

❹ 주제문과 문법설명. 금색 글씨는 공부해야 될 부분.

❺ 양 페이지에 등장하는 어휘

❻ 쓰기를 통해 미드 문장을 익히기

❼ 말하기를 통해 미드 문장을 연습하기. ❻의 쓰기에서 나온 문장이 반복된다.

❽ 쓰기 문장의 정답

❾ 말하기로 연습한 횟수를 표시한다

책 공부법

혼자 공부하기

1 ❸의 에피소드를 읽고, 필요에 따라 ❶의 등장인물 소개를 읽는다.

2 ❹의 문장과 문법 설명을 읽는다.

3 웹사이트에 접속해서(QR코드를 사용해도 좋다) 강의를 듣는다.

4 강의에서 함께 어휘를 읽어본다. (❻, ❼에서 쓰기, 말하기로 외워지므로 외울 필요는 없다)

5 쓰기로 ❻ 문장들을 연습한다.

6 ❽로 정답과 맞춰본다.

7 ❼의 영어 문장을 가리거나 보지 않고 말하기로 연습한다(강의를 통해 연습해도 좋다).

둘이 공부하기

혼자 공부할 때와 과정은 같으나 7번 (말하기 연습)의 과정이 조금 다르다.

1 학생 A: 한글로 문제를 섞어서 낸다.

2 학생 B: 영어로 대답한다.

3 학생 A: B가 맞게 대답했으면 다른 한글 문제를 내고, 틀리게 대답했으면 옳은 문장을 말하고 다른 문장을 문제 낸다.

4 빨리 대답할 수 있도록 충분히 연습한 뒤 역할을 바꿔서 모든 문장을 3~4회 반복한다.

p.47 로 둘이 공부하는 예

A: 나는 그녀를 본다. (한글 문제)

B: I see her. (옳게 말함)

A: 나는 한 곰을 본다. (다른 문제)

B: I see bear. (틀리게 말함)

A: I see a bear. (답을 가르쳐 줌)

A: 엄마는 한 의사를 본다. (다른 문제)

이렇게 모든 문장을 3~4회 반복해서 공부한 뒤 역할을 바꾼다.

10 미드 선정

> 머리말 Q>A > 무료 강의 > 책 사용법 > **10 미드 선정** > 미드 보는 법 > 1004 어휘 > 품사별 어휘 > 전치사 > 차례

저는 2,000편 넘게 미드(=미국 드라마)를 봤고, 현재도 꾸준히 보고 있는 미드광입니다. 영어 실력이 가장 많이 늘었던 것은 3개월간 하루 종일 영어자막으로 '심슨 2~19시즌'과 '프리즌 브레이크'를 본 때였습니다.

미드 1시즌은 적게는 10편 보통 20편 정도로 이뤄져 있으며, 한편당 짧은 것은 20분, 보통은 40분, 긴 것은 60분 정도로 되어있습니다.

인기 없는 미드는 한 시즌에서 끝나는 것도 있는데, 대부분의 미드는 3~4시즌에서 많게는 20시즌이 넘는 것도 있습니다.

영화와 달리 편수가 많아서 질리지 않고 계속 볼 수 있는 것은 장점이지만, 반복해서 보기는 어렵습니다. 하지만 공부할 때는 반복해서 보지 않으면 효율이 떨어집니다. 그래서 가장 효율적이고 선호도가 높은 미드 10개를 뽑기 위해 미드 카페(http://cafe.naver.com/4dramaenglish)에서 설문 조사했습니다 (가는 숫자는 득표 수).

1 섹스 앤 더 시티 (64), 2 모던패밀리 (61), 3 프렌즈 (58), 4 가십걸 (48), 5 왕좌의 게임 (34), 6 글리 (31), 7 빅뱅이론 (29), 8 위기의 주부들 (29), 9 프리즌 브레이크 (27), 10 하우스 (23)

위의 10편을 토대로 비슷한 장르거나 영어공부하기 어렵다고 생각된 '섹스 앤 더 시티, 프리즌 브레이크, 하우스'를 빼고 3편을 더해서 씨네21(http://cine21.com)과 미드카페에서 약 700분께 다시 설문조사했습니다.

재미있는 미드 설문조사(700명) 순위

= 가장 재미있게 본 미드 X 3점
+ 두번째로 재미있게 본 미드 X 1점
– 가장 재미없게 본 미드 X 2점

재미있는 미드 순위	영어 공부하기 좋은 미드	Mike 선별 쉬운 미드
1 프렌즈 480	1 프렌즈	1 로스트
2 왕좌의 게임 210	2 모던패밀리	2 엑스파일
3 모던패밀리 164	3 위기의 주부들	3 심슨
4 가십걸 161	4 심슨가족	4 프렌즈
5 엑스파일 94	5 가십걸	5 위기의 주부들
6 위기의 주부들 91	6 글리	6 글리
7 심슨가족 79	7 빅뱅이론	7 가십걸
8 로스트 73	8 로스트	8 모던패밀리
9 빅뱅이론 12	9 엑스파일	9 빅뱅이론
10 글리 -21	10 왕좌의 게임	10 왕좌의 게임

개인적으로 재미있게 본 미드 순위는, 왕좌의 게임, 모던패밀리, 빅뱅이론, 심슨가족, 프렌즈, 위기의 주부들, 로스트, 글리, 엑스파일, 가십걸입니다.

세계적으로 가장 재미있는 미드 순위에서는(http://goo.gl/rezZRq), 2위에 왕좌의 게임, 62위에 엑스파일이 있습니다. 나머지는 100위권 밖입니다. 대장금이 108위에 있네요. 1위는 브레이킹 배드입니다.

발음은 로스트, 엑스파일, 위기의 주부들, 심슨이 또박또박 말하는 편이었습니다. 빅뱅이론과 왕좌의 게임은 안 쓰는 어휘가 많아서 어렵습니다.

미드 보는 법

머리말 Q > A > 무료 강의 > 책 사용법 > 10 미드 선정 > **미드 보는 법** > 1004 어휘 > 품사별 어휘 > 전치사 > 차례

미드는 어디서 받나요?

파일공유 사이트들을 사용하면 됩니다(파일와, 메가파일, 빅파일, 베가디스크, 예스파일, 파일조, 온디스크 등). 인터넷에 찾아보시면 일정기간(3일~7일) 동안 무료로 쓸 수 있는 쿠폰(http://goo.gl/qirww2)도 많이 있습니다. 그 기간 내에 최대한 많이 받아 놓으시면 두고두고 보실 수 있습니다. 컴퓨터를 잘 다루신다면 '토렌트'를 통해 미드를 받을 수도 있습니다. 이것은 파일을 가진 사용자(주로 외국)에게 직접 받는 것입니다.

화면, 소리가 안 나와요.

1. 동영상과 자막을 같이 재생할 수 있는 프로그램을 설치하셔야 합니다. 가장 많이 쓰는 프로그램은 '곰플레이어'입니다(http://gom.gomtv.com).
2. 파일에 따라 영상과 소리를 낼 수 있게 바꿔주는 '코덱'을 설치해야 합니다. 여러 코덱을 한번에 깔 수 있는 '스타코덱'을 추천해드립니다(http://goo.gl/akusyr). 설치하실 때 구성요소 선택에서 '광고로 스타코덱 지원'은 표시하지 마세요. '오토오프'와 '11번가 제휴 바로가기'도 설치하지 마세요.

화면이 끊겨요.

컴퓨터 사양이 낮거나, 동영상의 해상도가 높으면 화면이 끊길 수 있습니다. 해상도가 낮은(파일이 작은 크기인) 영상으로 다시 받아서 재생해보세요.

영어자막은 어디 있나요?

미드를 검색하실 때 제목에 '한영통합', '통합자막'이 있는 것은 자막에 '한글, 영어'가 같이 들어있는 영상파일입니다. 그런 영상이 공부하기 더 편합니다. 그런 파일을 찾지 못하신 경우에는, tvsubtitles.net이나 miklish.com에서 영어 자막을 받으셔도 됩니다.

자막이 안 나와요

영상은 주로 avi, mkv파일이고, 자막은 smi, srt 파일입니다. 자막이 보이려면 1.영상과 자막의 이름이 같고 2.같은 위치에 있어야 합니다. 예를 들어 영상이 '로스트 1-1.avi'라면 자막은 '로스트 1-1.smi'로 되어있고, 같은 위치에(예를 들면 바탕화면) 있어야 합니다. 파일의 이름을 바꾸려면 파일에 마우스로 오른쪽 클릭, '이름 바꾸기'가 있습니다. 그래도 자막이 안 보이면 영상 재생 중에 키보드의 'alt+h'로 자막을 켜고 끌 수 있습니다. 아니면 마우스로 영상에 오른쪽 클릭, '자막' 옵션에서 '언어선택'이나 '자막 보이기'를 할 수 있습니다.

자막이 화면과 안 맞아요.

동영상의 버전이 여러 가지인 경우 자막과의 버전이 맞지 않으면 자막이 조금 빨리 나오거나 늦게 나올 수 있습니다. 이때는 ','키(자막이 늦게 나오게 됨)와 '.'키(자막이 빨리 나오게 됨)로 자막의 시간을 바꿀 수 있습니다.

1004 어휘 A~Z 1

머리말 Q > A > 무료 강의 > 책 사용법 > 10 미드 선정 > 미드 보는 법 > **1004 어휘** > 품사별 어휘 > 전치사 > 차례

미국인들이 가장 많이 쓰는 단어는?

미국 성인처럼 말하는 데는 약 4만 단어를 알아야 합니다. 이 중에서 2만 단어 정도를 말하고 쓸 수 있으면 됩니다. 그 중 천 단어가 일상 회화의 89%를 차지합니다. 3,000단어로는 95%를 해결할 수 있습니다(goo.gl/fk0EOJ).

미국인들이 방송에서 가장 많이 쓰는 단어 41,284개(https://goo.gl/1VdyhB) 중에서 3,000단어를 뽑았고, 그 중에 중복되는 것을 빼고 알파벳 순서로 1004를 제시합니다. 예를 들어, eat와 ate를 다른 단어로 분류한 것을 원래 형태(사전에 실린)인 eat로 합쳤고, angry와 anger, exactly와 exact 처럼 비슷한 형태인 다른 품사의 경우 더 많이 쓰는 단어 angry, exactly로 합쳤습니다. hand와 handle처럼 형태는 비슷하지만 뜻이 다르면 둘 다 실었습니다.

이 책의 모든 문장은 되도록 1,004개의 단어만 가지고 문장을 만들었습니다. 어려운 단어가 나왔을 경우 1,004 안에 들어있는 쉬운 단어로 바꿨습니다. 이 어휘만 완벽히 알아도 일상회화는 큰 어려움이 없습니다. 89%를 해결할 수 있으니까요.

'8시간에 끝내는 기초영어 미드천사: 기초회화 패턴'에서는 알파벳 순서, 품사별로 1,004개를 나열합니다. '8시간에 끝내는 기초영어 미드천사: 왕초보 패턴'에서는 많이 쓰이는 순서대로 1,004개를 나열했습니다.

말하기에서 많이 쓰는 어휘가 아니라 글에서 많이 쓰는 어휘는 <나쁜 수능영어>를 집필하면서 만든 자료(http://goo.gl/24f5gw)를 참고하세요.

1004 어휘 MP3

금색 단어는 <미드천사: 기초회화 패턴>에 등장하는 단어
푸른색 단어는 <미드천사: 왕초보 패턴>에 등장하는 단어

a ~ boat

순번	단어	의미	순번	단어	의미	순번	단어	의미
8	a	한	123	am	상태모습이다	711	bag	가방
940	Aaron	(남자 이름)	635	amazing	놀라운	715	ball	공
437	able	가능한	679	America	미국	812	bar	술집
42	about	~에 대하여	99	an	한	857	Barbara	(여자 이름)
518	absolutely	절대적으로	10	and	그리고	889	bathroom	욕실
702	accept	받아들이다	736	angel	천사, 여자 이름	30	be	상태모습이다
709	accident	사고	610	angry	화난	797	beat	치다
932	across	~을 건너서	239	another	또 하나의	380	beautiful	아름다운
412	act	행동하다	397	answer	대답	94	because	~하기 때문에
210	actually	사실은	652	Antonio	(남자 이름)	611	become	~가 되다
860	Adam	(남자 이름)	134	any	어떤	469	bed	침대
666	admit	인정하다	430	anybody	누군가	91	been	상태모습이다
905	advice	충고	368	anymore	더이상	154	before	~전에
386	afraid	두려운	342	anyone	누군가	607	begin	시작하다
172	after	~후에	132	anything	어떤 것	482	behind	~뒤에
924	afternoon	오후	357	anyway	어쨌든	196	being	상태모습인 것
148	again	다시	577	anywhere	어디든	153	believe	믿다
447	against	~에 반대해서	829	apart	떨어져서	872	belong	~에 속하다
947	age	나이	696	apartment	아파트	639	Ben	(남자 이름)
378	ago	~전에	927	apologize	사과하다	631	besides	게다가
563	agree	동의하다	952	apparently	분명히	242	best	최고의, 최고로
286	ah	(놀람)	625	appreciate	감사하다	524	bet	틀림 없다
485	ahead	앞으로	13	are	상태모습이다	813	Beth	(여자 이름)
526	ain't	상태모습이 아니다	668	arm	팔	155	better	더 좋은
662	air	공기	177	around	~의 주위에	387	between	~사이에
565	Al	(남자 이름)	721	arrest	체포하다	174	big	큰
976	Alan	(남자 이름)	76	as	~할 때, ~로서	764	bill	계산서
841	Alexis	(이름)	150	ask	묻다, 요구하다	723	Billy	(남자 이름)
700	Alison	(여자 이름)	566	ass	(엉덩이)	600	birthday	생일
519	alive	살아있는	64	at	~의 지점에서	400	bit	약간
37	all	모든	849	attack	공격하다	824	bitch	(개같은) 년
773	allow	허락하다	808	attention	주목	647	black	검은색
451	almost	거의	825	aunt	고모	907	Blair	(여자 이름)
299	alone	혼자	963	aw	(저런)	695	blame	비난하다
495	along	~를 (쭉) 따라	160	away	멀리	474	blood	피
272	already	이미	948	awful	끔찍한	630	blow	불다
432	alright	괜찮은	202	baby	아기	869	blue	푸른색인
470	also	또한	82	back	뒤로	982	board	이사회
183	always	항상	198	bad	나쁜	936	boat	보트

8시간에 끝내는 기초영어 미드천사: 기초회화 패턴

1004 어휘 A~Z 2

730	Bob	(남자 이름)	805	carry	나르다	847	conversation	대화
506	body	몸	352	case	경우	818	convince	납득시키다
419	book	책	935	Cassie	(이름)	455	cool	멋진, 시원한
926	born	태어나다	997	cat	고양이	553	cop	경찰관
909	boss	상관	445	catch	잡다	75	could	~할 수도 있다
290	both	둘 다	314	cause	야기하다	638	count	세다
733	bother	성가시게 하다	904	cell	칸	653	country	나라, 시골
837	box	상자	441	certainly	확실히	401	couple	커플, 두 사람
234	boy	소년	319	chance	기회	698	course	물론, 과정
760	boyfriend	남자친구	244	change	바꾸다	687	court	법정
965	Brady	(남자 이름)	624	charge	부과하다	974	Courtney	(이름)
937	brain	뇌	708	charity	자선	637	cover	덮다
257	break	부수다	300	check	확인하다	718	Craig	(남자 이름)
945	breakfast	아침식사	956	chief	최고지위자	585	Crane	(남자 이름)
583	breathe	숨쉬다	298	child	아이	384	crazy	미친
893	Brenda	(여자 이름)	875	Chloe	(여자 이름)	344	crime	범죄
221	bring	가져오다	538	choice	선택	747	Cristian	(남자 이름)
686	Brooke	(사람의 성)	881	choose	고르다	908	cross	건너다, 십자가
329	brother	형제	776	Chris	(이름)	724	cry	울다
735	buddy	친구	545	Christmas	크리스마스	490	cut	자르다
873	Buffy	(여자 이름)	608	city	도시	783	cute	귀여운
532	build	짓다	614	class	수업	166	dad	아빠
706	burn	불태우다	601	clean	깨끗한	344	damn	(제기랄)
338	business	사업	508	clear	분명한	521	dance	춤추다
646	busy	바쁜	325	close	가까운, 닫힌	584	dangerous	위험한
35	but	그러나	799	clothes	옷	712	Danny	(남자 이름)
389	buy	사다	687	club	동호회	816	dark	어두운
128	by	~에 의해	533	coffee	커피	659	darling	사랑하는 사람
349	bye	(안녕:헤어질 때)	591	cold	추운	402	date	날짜
113	call	부르다, 전화하다	761	college	대학	381	daughter	딸
690	calm	조용한	55	come	오다	522	David	(남자 이름)
54	can	~할 수 있다	851	comfortable	안락한	838	Dawson	(사람의 성)
84	can't	~할 수 없다	548	company	회사	141	day	날
886	captain	대장	571	completely	완벽히	293	dead	죽은
306	car	자동차	605	concern	염려하다	283	deal	거래
644	card	카드	954	congratulations	축하	530	dear	(아끼는) 사람
184	care	돌보다, 신경쓰다	985	connection	연결	493	death	죽음
726	careful	조심스러운	755	consider	숙고하다	365	decide	결정하다
497	Carly	(여자 이름)	555	control	통제하다	871	deep	깊은

Bob ~ fuck

순번	단어	의미	순번	단어	의미	순번	단어	의미
672	definitely	분명히	214	else	그 밖에	534	fault	잘못
802	demon	악마	759	Emily	(여자 이름)	697	favor	호의
609	deserve	~을 받을 만하다	315	end	끝내다	899	favorite	가장 좋아하는
744	destroy	파괴하다	669	enjoy	즐기다	111	feel	느끼다
938	detective	형사	227	enough	충분한, 충분히	340	few	2~3개인
44	did	~했다	595	entire	전체의	998	fifty	오십인
264	die	죽다	925	Eric	(남자 이름)	376	fight	싸우다
355	different	다른	880	Erica	(여자 이름)	390	figure	모습(을 알아내다)
894	difficult	어려운, 힘든	626	especially	특히	887	file	서류
446	dinner	저녁식사	499	Ethan	(남자 이름)	885	fill	채우다
995	discuss	논의하다	796	Eve	(여자 이름)	435	finally	마침내
11	do	한다	135	even	심지어	115	find	찾다
316	doctor	의사	681	evening	저녁	167	fine	좋은
102	does	한다	156	ever	한번도, 언제나	928	finger	손가락
570	dog	개	226	every	모든	504	finish	끝내다
676	dollar	달러	372	everybody	모두들	410	fire	불
216	done	끝난	373	everyone	모두들	161	first	첫번째(인)
383	door	문	151	everything	모든 것	369	five	5개인
967	double	두배의	782	evidence	증거	660	fix	고치다
866	doubt	의심하다	671	evil	악한	832	floor	바닥
125	down	아래쪽으로	918	ex	전남편, 전부인	717	fly	날다
351	Dr.	(의사,박사)~씨	271	exactly	정확히	509	follow	따라가다
479	dream	꿈꾸다	623	except	~을 제외하고	596	food	음식
574	dress	드레스	788	excited	신나게 된	971	fool	멍청한
358	drink	마시다	302	excuse	봐주다, 변명	562	foot	발
408	drive	운전하다	476	expect	기대하다	23	for	~을 위해
503	drop	떨어트리다	989	experience	경험	745	force	강요하다
655	drug	마약, 약	512	explain	설명하다	618	forever	영원히
728	dude	(남자) 녀석	346	eye	눈	262	forget	잊다
988	during	~동안	318	face	얼굴	740	forgive	용서하다
339	each	각각의	361	fact	사실	970	forward	앞으로
517	early	이른, 일찍	694	fair	공정한	416	four	4개인
834	earth	지구, 땅	957	faith	신념	535	Frank	(남자 이름)
343	easy	쉬운	396	fall	떨어지다	930	freak	(괴짜)
391	eat	먹다	223	family	가족	443	free	자유로운
964	Edmund	(남자 이름)	417	far	먼	169	friend	친구
749	eight	8인	540	fast	빠른, 빠르게	85	from	~로 부터
404	either	어느하나는,어느하나도	1000	fat	뚱뚱한	507	front	앞
915	Elizabeth	(여자 이름)	205	father	아버지	309	fuck	성교하다

1004 어휘 A~Z 3

529	full	가득한	246	happy	행복한	62	how	어떻게, 얼마나
395	fun	재미있는	281	hard	어려운, 힘든	944	huge	거대한
448	funny	웃기는	320	hate	싫어하다	186	huh	(동의를 바람)
578	future	미래	12	have	가지다	682	human	인간
418	game	게임	25	he	그는	567	hundred	100
958	gay	게이	269	head	머리	983	hungry	배고픈
942	general	일반적인	884	health	건강	769	hurry	서두르다
738	gentleman	신사	114	hear	들리다	250	hurt	아프게하다, 아픈
680	George	(남자 이름)	335	heart	마음, 심장	450	husband	남편
21	get	생기다	219	hell	지옥	2	I	나는
815	gift	선물	251	hello	(안녕)	821	ice	얼음
189	girl	소녀	131	help	돕다	228	idea	아이디어
831	girlfriend	여자친구	52	her	그녀의, 그녀를	1001	idiot	(멍청이)
100	give	주다	46	here	여기	51	if	~한다면
398	glad	기쁜	774	herself	그녀 자신을	691	imagine	상상하다
19	go	가다	86	hey	(부를 때)	389	important	중요한
143	god	신	201	hi	(안녕)	18	in	~안에
105	gonna	(당연히) ~할 것이다	622	hide	숨다	823	incredible	(믿기지 않게) 놀라운
73	good	좋은	484	high	높은, 높이	673	information	정보
294	gotta	~해야 한다	59	him	그를	914	innocent	죄 없는
993	grab	잡다	632	himself	그 자신을	483	inside	~안에
589	Grace	(여자 이름)	913	hire	고용하다	734	instead	~대신에
912	grandmother	할머니	90	his	그의	415	interested	흥미있는
149	great	대단한	767	history	역사	147	into	~의 안 쪽으로
750	Greenlee	(지명)	411	hit	치다	814	invite	초대하다
561	grow	자라다, 키우다	249	hmm	(생각중임)	641	involved	관련된
199	guess	추측하다	960	ho	(비아냥)	5	is	상태모습이다
966	guest	손님	245	hold	유지하다	902	island	섬
731	guilty	유죄인	165	home	집	415	issue	사안
554	gun	총	528	honest	진실한	6	it	그것은, 그것을
109	guy	사내	278	honey	사랑하는 사람, 꿀	848	Ivy	(여자 이름)
374	ha	(웃음)	664	honor	명예	241	Jack	남자 이름
576	hair	머리카락	212	hope	소망하다	742	jail	감옥
962	Hal	(남자 이름)	946	horrible	끔찍한	564	Jake	(남자 이름)
460	half	절반	429	hospital	병원	789	James	(남자 이름)
270	hand	손	511	hot	뜨거운	643	Jason	(남자 이름)
551	handle	다루다	791	hotel	호텔	830	Jax	(지명)
413	hang	걸다	323	hour	시간	452	Jen	(여자 이름)
121	happen	발생하다	240	house	집	784	Jerry	(여자 이름)

full ~ Ms.

순번	단어	의미	순번	단어	의미	순번	단어	의미
836	Jessica	(여자 이름)	255	left	leave의 과거(떠났다), 왼쪽	972	Mary	(여자 이름)
787	Jesus	예수님	883	leg	다리	259	matter	문제
903	Jim	(남자 이름)	480	Leo	(남자 이름)	581	Max	(남자 이름)
267	job	직업	656	less	더 적은	273	may	~할 것 같다
979	Joe	(남자 이름)	77	let	허락하다	124	maybe	아마도
648	Joey	(남자 이름)	778	letter	편지	16	me	나를
539	John	(남자 이름)	256	lie	거짓말하다	72	mean	의미하다
882	join	가입하다	129	life	생명, 삶	261	meet	만나다
896	joke	농담	510	light	빛, 가벼운	688	memory	기억
955	Josh	(남자 이름)	49	like	좋아한다	606	mention	언급하다
839	judge	판사	792	Lindsay	(여자 이름)	781	mess	엉망
642	Julian	(남자 이름)	426	line	선, 줄	604	message	메시지
870	jump	뛰다	779	list	목록	573	Michael	(남자 이름)
28	just	단지, 막	171	listen	귀 기울이다	722	middle	중간의
780	Kay	(이름)	101	little	약간	220	might	~할지도 모른다
142	keep	유지하다	178	live	살다	743	Miguel	(남자 이름)
941	Kendall	(남자 이름)	162	long	긴	862	Mike	(남자 이름)
865	Kevin	(남자 이름)	65	look	눈을 향하다	999	Miles	(남자 이름)
616	key	열쇠, 핵심	879	lord	주인	707	million	백만
771	kick	차다	209	lose	지다, 잃다	225	mind	마음
222	kid	아이	180	lot	많은	423	mine	나의 것인
527	kidding	농담하는 중인	80	love	사랑하다	180	minute	분(시간)
181	kill	죽이다	854	lovely	사랑스러운	237	miss	놓치다, 그리워하다
170	kind	종류, 친절한	336	lucky	운좋은	486	mistake	실수
457	kiss	키스	615	Lucy	(여자 이름)	356	mm	(생각 중)
986	kitchen	주방	580	Luis	(남자 이름)	163	mom	엄마
828	knock	노크하다	756	Luke	(남자 이름)	478	moment	순간
17	know	안다	746	lunch	점심식사	254	money	돈
409	lady	숙녀	987	ma'am	(여성) 씨	444	month	달
175	last	마지막, 지난	621	mad	미친	118	more	더 많은, 더 많이
191	late	늦은	898	magic	마법	324	morning	아침
853	lately	최근에	868	major	주된	328	most	대부분의, 가장
910	Laura	(여자 이름)	67	make	만들다	197	mother	어머니
471	law	법	108	man	남성, 사람	719	mouth	입
827	lawyer	변호사	888	manage	관리하다	233	move	움직이다
645	lead	이끌다	359	many	수가 많은	531	movie	영화
505	learn	배우다	975	Mark	(남자 이름)	185	Mr.	~씨
370	least	가장 적은	556	marriage	결혼	405	Mrs.	(결혼한 여자) ~씨
168	leave	남기고 떠나다	206	marry	결혼하다	661	Ms.	(여자) 씨

1004 어휘 A~Z 4

133	much	많은, 많이	53	okay	괜찮은	751	Phoebe	(여자 이름)
568	murder	살인하다	229	old	늙은	363	phone	전화
754	music	음악	934	Olivia	(여자 이름)	364	pick	고르다
230	must	~해야 한다	31	on	~에 접촉해서	463	picture	그림
26	my	나의	321	once	(과거에) 한번	558	piece	조각
280	myself	나 자신을	66	one	어떤 한 사람, 어떤 한 물건	203	place	장소, 위치시키다
211	name	이름	138	only	오직	295	plan	계획, 계획하다
594	Natalie	(여자 이름)	550	ooh	(놀람)	850	plane	비행기
810	near	가까운	330	open	열다	248	play	놀다, 경기하다
88	need	필요하다	93	or	또는	137	please	부탁합니다
801	neither	~도 아닌	427	order	주문하다, 명령하다	949	pleasure	기쁨
931	nervous	불안한	164	other	다른	331	point	지점, 요점
106	never	절대 ~하지 않는다	992	others	다른 사람들	439	police	경찰
194	new	새로운	112	our	우리의	619	poor	가난한, 불쌍한
456	news	뉴스	47	out	밖에	984	position	위치
274	next	다음	546	outside	밖에서	399	possible	가능성 있는
213	nice	좋은	119	over	~위에	421	power	힘
737	Nick	(남자 이름)	770	ow	(아플 때)	720	pregnant	임신한
152	night	밤	819	owe	빚지다	692	present	현재, 선물
689	Niles	(미국 도시이름)	236	own	~의 소유인	557	president	대통령
943	nine	9인	939	pack	짐, 짐을 싸다	649	press	누르다
22	no	누구도 ~하지 않는다	543	pain	고통	811	pretend	~인 척하다
433	nobody	누구도 ~하지 않는다	544	paper	종이	266	pretty	꽤, 예쁜
599	none	누구도 아님, 어떤것도 아님	516	parents	부모님	806	prison	감옥
822	Nora	(여자 이름)	978	Paris	파리	835	private	사적인
826	normal	일반적인	874	park	공원	287	probably	아마도
7	not	~하지 않는다	317	part	부분	232	problem	문제
859	note	메모	385	party	파티	348	promise	약속하다
145	nothing	아무것도 (아니다)	549	pass	보내다	498	protect	보호하다
627	notice	알리다	489	past	지난	762	proud	자랑스러운
58	now	지금	739	patient	환자	710	prove	증명하다
438	number	숫자	520	Paul	(남자 이름)	901	public	공공의
494	obviously	명백히	285	pay	지불하다	465	pull	당기다
15	of	~의	140	people	사람들	575	push	밀다
136	off	~에 떨어져서	379	perfect	완벽한	159	put	놓다
560	offer	제공하다	657	perhaps	아마도	303	question	질문
454	office	사무실	347	person	사람	628	quick	빠른
921	officer	경찰관	552	personal	개인의	794	quiet	조용한
39	oh	(살짝 놀람)	592	Phillip	(남자 이름)	950	quit	그만두다

much ~ space

순번	단어	의미	순번	단어	의미	순번	단어	의미
491	quite	꽤	916	Sabrina	(여자 이름)	473	shot	쏘다
877	raise	기르다	969	sad	슬픈	110	should	~해야 한다
640	rather	차라리 ~하다	334	safe	안전한	144	show	보여주다
732	Ray	(남자 이름)	842	sake	목적, 이유	436	shut	닫다
392	read	읽다	431	Sam	(남자 이름)	492	sick	아픈
307	ready	준비된	263	same	같은	461	side	쪽
260	real	진짜인	360	save	구하다, 아끼다	475	sign	신호, 표시
458	realize	깨닫다	56	say	말하다	959	Simon	(남자 이름)
68	really	정말로	449	scared	무서운	582	simple	단순한
326	reason	이유	334	school	학교	301	since	~이래로
663	record	기록하다	867	screw	(욕, 성교하다)	846	sing	노래하다
684	red	붉은색인	929	seat	좌석, 앉히다	863	single	단일의
572	relationship	관계	284	second	두번째인	268	sir	(남자분)
705	relax	휴식하다	500	secret	비밀인	354	sister	여동생, 누나
204	remember	기억하다	855	security	보안	288	sit	앉다
856	report	보고서	63	see	보(이)다	629	situation	상황
804	respect	존경하다	276	seem	~처럼 보이다	515	six	여섯인
703	responsible	책임있는	817	self	자신	332	sleep	자다
394	rest	나머지, 쉬다	590	sell	팔다	980	slow	느린
892	return	돌려주다	362	send	보내다	714	small	작은
1004	rich	부자인	488	sense	감각	713	smart	똑똑한
785	Richard	(남자 이름)	393	serious	진지한	786	smell	냄새나다
701	Rick	(남자 이름)	897	service	서비스	34	so	그래서, 아주
858	rid	없애다	382	set	놓다	92	some	약간
620	ride	타다	991	settle	합의하다	322	somebody	누군가
752	ridge	산등성이	765	seven	7인	906	somehow	어쨌든
922	ridiculous	말도 안되는	466	sex	성별, 성교하다	215	someone	누군가
43	right	옳은, 오른쪽	727	shall	(분명히)~한다	87	something	어떤 것
725	ring	벨이 울리다	768	share	공유하다	468	sometimes	때때로
920	risk	위험한	994	Sharon	여자 이름	587	somewhere	어딘가
795	road	길	843	Shawn	(남자 이름)	247	son	아들
1003	rock	바위	36	she	그녀는	933	song	노래하다
253	room	방	634	Sheridan	(이름의 성)	428	Sonny	(남자 이름)
704	Rose	(여자 이름, 장미)	878	shh	(조용히)	297	soon	곧
683	Ross	(남자 이름)	481	shit	(똥)	120	sorry	미안한
748	ruin	망치다	807	shoes	신발	501	sort	종류, 친절한
670	rule	규칙	586	shoot	쏘다	895	soul	영혼
207	run	달리다	790	shop	가게	296	sound	~처럼 들리다, 소리
793	Ryan	(남자 이름)	798	short	짧은	990	space	공간, 우주

1004 어휘 A~Z 5

375	speak	말하다	729	team	팀	777 Tom (남자 이름)
523	special	특별한	61	tell	말하다	367 tomorrow 내일
973	spell	철자, 마법	537	ten	10인	258 tonight 오늘 밤
377	spend	소비하다	602	terrible	끔찍한	699 Tony (남자 이름)
350	stand	서다, 견디다	513	test	시험	107 too 너무
763	star	별	157	than	~보다	636 top 꼭대기
182	start	시작하다	98	thank	감사하다	472 totally 완전히
598	state	상태, 주(지역)	9	that	저, 저것	525 touch 건드리다
844	station	역	4	the	그	757 tough 거친
188	stay	머무르다	217	their	그들의	371 town 마을
541	steal	훔치다	103	them	그들을, 그것들을	953 train 훈련시키다
658	step	단계, 걸음	96	then	그리고 나서	665 treat 다루다
502	stick	붙(이)다	48	there	거기	685 trip 여행
146	still	여전히	176	these	이, 이것들	422 trouble 문제
158	stop	멈추다	60	they	그들은	968 Troy (남자 이름)
861	store	가게	81	thing	~것	337 true 진실인
440	story	이야기	40	think	생각하다	345 trust 신뢰하다
588	straight	곧게, 쭉	996	third	세번째인	333 truth 진실
674	strange	이상한	919	thirty	30인	116 try 시도하다
603	street	거리	20	this	이, 이것	231 turn 돌다, 바꾸다
569	strong	강한	187	those	저, 저것들	650 TV 텔레비전
327	stuff	물건	424	though	~하지만	613 twenty 20인
453	stupid	멍청한	753	thousand	천의(숫자)	139 two 두개인
353	such	그런	800	threat	협박하다	126 uh (머뭇거림)
651	suddenly	갑자기	275	three	셋인	243 um (머뭇거림)
917	summer	여름	193	through	~을 통해	900 uncle 삼촌
923	support	돕다	414	throw	던지다	407 under ~의 아래에
265	suppose	추측하다	876	ticket	표	200 understand 이해하다
117	sure	확신하는	977	tie	매듭짓다	559 unless(혹시라도)~하지않는다면
459	surprise	놀라다	667	till	~할 때까지	308 until ~할 때까지
643	swear	맹세하다	981	Tim	(남자 이름)	57 up 위 쪽으로
305	sweet	달콤한	74	time	시간	496 upset 속상한
617	sweetheart	사랑하는 사람	425	times	번, 배	840 upstairs 윗층
951	system	체제	766	Timmy	(남자 이름)	70 us 우리를
716	table	탁자	677	tired	피곤한	179 use 사용하다
71	take	가져가다	3	to	~에게	654 usually 일반적으로
95	talk	말하다	304	today	오늘	127 very 아주
758	tape	테이프	693	Todd	(남자 이름)	803 Victor (남자 이름)
612	teach	가르치다	208	together	함께	961 visit 방문하다

speak ~ yourself

순번	단어	의미	순번	단어	의미
775	voice	목소리	809	witch	마녀
130	wait	기다리다	33	with	~과 함께
597	wake	깨우다	310	without	~없이
282	walk	걷다	195	woman	여성
864	wall	벽	279	wonder	궁금해하다
41	want	원하다	487	wonderful	놀라운
741	war	전쟁	292	word	단어
772	warn	경고하다	122	work	일하다
27	was	상태모습이었다	277	world	세계
820	waste	낭비하다	224	worry	걱정하다
289	watch	보다	547	worse	더 나쁜
536	water	물	845	worst	가장 나쁜
97	way	방법, 길	633	worth	가치있다
24	we	우리는	45	would	~하려한다
477	wear	입다	406	wow	(놀람)
434	wedding	결혼식	420	write	쓰다
312	week	주	192	wrong	틀린
579	weird	이상한	442	ya	(너)
542	welcome	환영하다	50	yeah	(동의함)
38	well	잘, 글쎄	173	year	년
83	were	상태모습이었다	1002	yep	(응)
14	what	무엇은, 무엇을	89	yes	(동의함)
311	whatever	무엇이든	852	yesterday	어제
79	when	~할 때	313	yet	아직
104	where	어디(에서)	1	you	너는, 너를
833	whether	~든 아니든	467	young	젊은
252	which	어떤 것	32	your	너의
291	while	~하는 동안	462	yours	너의 것인
593	White	(남자 이름)	235	yourself	너 자신을
78	who	누구			
403	whoa	(워워~)			
238	whole	전체의			
69	why	왜			
341	wife	아내			
29	will	~할 것이다			
890	willing	기꺼이 ~하는			
514	win	이기다			
891	window	창문			
366	wish	소망하다			

品詞別 1004 어휘 1

품사란?

단어의 종류를 품사라고 합니다. 왕초보패턴에서 '명사, 동사, 형용사'에 대해서는 들어보셨는데요(기초영어 미드천사: 왕초보 패턴 무료 강의 참고). 그 외에 부사, 대명사, 한정사, 전치사, 접속사, 감탄사가 있습니다.

명사 사람 사물 등의 명칭. (예: desk, apple, Mike 등)

동사 (주로) 움직임에 대한 말. (예: eat, have, know, go 등)

형용사 '어떤 사람, 어떤 물건'에서 '어떤'. 주로 명사를 꾸민다.

부사 '어떻게 한다, 얼마나 한다'에서 '어떻게'나 '얼마나'. 명사 외의 단어를 꾸민다. (예: just, not, very, now, well 등)

대명사 명사를 대신해서 쓰는 말. 좁은 의미에서는 he, she it, this 등을 말하지만, 이 책에서는 girl, man 등 도 넣었다.

한정사 뒤에 이어지는 단어가 명사임을 알려주는 말. (예: a, the, my 등)

전치사 한국어의 '조사' 같은 말. 명사를 연결한다. (예: on, in, to, from 등)

접속사 문장을 연결할 수 있게 한다. (예: because, when, if 등)

감탄사 갑작스러운 상황에서 본능적으로 튀어나오는 감정말. (예: p.27)

사람 이름은 명사의 일부지만 따로 넣었고, 욕도 따로 넣었습니다. 조동사와 비(be)동사도 따로 넣었습니다. 품사별 어휘는 영어를 알면 알수록 많이 보게 될 것입니다. 선생님들께서 학생들에게 문제 낼 때 참고하셔도 좋습니다.

감탄사, 대명사, 동사

순번	단어	의미	순번	단어	의미	순번	단어	의미

감탄사

순번	단어	의미
39	oh	(살짝 놀람)
50	yeah	(동의함)
86	hey	(부를 때)
89	yes	(동의함)
126	uh	(머뭇거림)
186	huh	(동의를 바람)
201	hi	(안녕)
243	um	(머뭇거림)
249	hmm	(생각중임)
251	hello	(안녕)
268	sir	(남자분)
286	ah	(놀람)
349	bye	(안녕:헤어질 때)
356	mm	(생각 중)
374	ha	(웃음)
403	whoa	(워워~)
406	wow	(놀람)
550	ooh	(놀람)
770	ow	(아플 때)
878	shh	(조용히)
960	ho or Ho	(비아냥)
963	aw	(저런)
1002	yep	(응)

대명사

순번	단어	의미
1	you	너는, 너를
2	I	나는
6	it	그것은, 그것을
16	me	나를
24	we	우리는
25	he	그는
26	my	나의
32	your	너의
36	she	그녀는
52	her	그녀의, 그녀를
59	him	그를
60	they	그들은
66	one	어떤 사람, 어떤 한 물건
70	us	우리를
81	thing	~것
87	something	어떤 것
90	his	그의
103	them	그들을, 그것들을
108	man	남성, 사람
109	guy	사내
132	anything	어떤 것
140	people	사람들
145	nothing	아무것도 (아니다)
151	everything	모든 것
169	friend	친구
170	kind	종류, 친절한
185	Mr.	~씨
189	girl	소녀
195	woman	여성
215	someone	누군가
217	their	그들의
235	yourself	너 자신을
278	honey	사랑하는 사람, 꿀
280	myself	나 자신을
322	somebody	누군가
342	anyone	누군가
347	person	사람
351	Dr.	(의사,박사)~씨
372	everybody	모두들
373	everyone	모두들
405	Mrs.	(결혼한 여자) ~씨
423	mine	나의 것
430	anybody	누군가
433	nobody	누구도 ~하지 않는다
442	ya	(너)
462	yours	너의 것인
530	dear	(아끼는) 사람
617	sweetheart	사랑하는 사람
632	himself	그 자신을
659	darling	사랑하는 사람
661	Ms.	(여자) 씨
728	dude	(남자) 녀석
735	buddy	친구
738	gentleman	신사
774	herself	그녀 자신을
831	girlfriend	여자친구
987	ma'am	(여성) 씨
992	others	다른 사람들

동사

순번	단어	의미
12	have	가지다
17	know	안다
19	go	가다
21	get	생기다
40	think	생각하다
41	want	원하다
49	like	좋아한다
55	come	오다
56	say	말하다
61	tell	말하다
63	see	보(이)다
65	look	눈을 향하다
67	make	만들다
71	take	가져가다
77	let	허락하다
80	love	사랑하다
88	need	필요하다
95	talk	말하다
98	thank	감사하다
100	give	주다
111	feel	느끼다
113	call	부르다, 전화하다
114	hear	들리다
115	find	찾다
116	try	시도하다
121	happen	발생하다
122	work	일하다
123	am	상태모습이다
130	wait	기다리다
131	help	돕다

품사별 1004 어휘 2

머리말 Q > A > 무료 강의 > 책 사용법 > 10 미드 선정 > 미드 보는 법 > 1004 어휘 > **품사별 어휘** > 전치사 > 차례

142	keep	유지하다	282	walk	걷다	458	realize	깨닫다
144	show	보여주다	285	pay	지불하다	459	surprise	놀라다
150	ask	묻다, 요구하다	288	sit	앉다	465	pull	당기다
153	believe	믿다	289	watch	보다	466	sex	성별, 성교하다
158	stop	멈추다	296	sound	~처럼 들리다, 소리	473	shot	쏘다
159	put	놓다	300	check	확인하다	476	expect	기대하다
168	leave	남기고 떠나다	302	excuse	봐주다, 변명	477	wear	입다
171	listen	귀 기울이다	314	cause	야기하다	479	dream	꿈꾸다
178	live	살다	320	hate	싫어하다	486	mistake	실수
179	use	사용하다	325	close	가까운, 닫힌	490	cut	자르다
181	kill	죽이다	330	open	열다	498	protect	보호하다
182	start	시작하다	332	sleep	자다	502	stick	붙(이)다
184	care	돌보다	345	trust	신뢰하다	503	drop	떨어트리다
188	stay	머무르다	348	promise	약속하다	504	finish	끝내다
199	guess	추측하다	350	stand	서다, 견디다	505	learn	배우다
200	understand	이해하다	358	drink	마시다	509	follow	따라가다
204	remember	기억하다	360	save	구하다, 아끼다	512	explain	설명하다
206	marry	결혼하다	362	send	보내다	514	win	이기다
207	run	달리다	364	pick	고르다	521	dance	춤추다
209	lose	지다, 잃다	365	decide	결정하다	524	bet	틀림없다
212	hope	소망하다	366	wish	소망하다	525	touch	건드리다
221	bring	가져오다	375	speak	말하다	526	ain't	상태모습이 아니다
224	worry	걱정하다	376	fight	싸우다	532	build	짓다
231	turn	돌다, 바꾸다	377	spend	소비하다	541	steal	훔치다
233	move	움직이다	382	set	놓다	542	welcome	환영하다
237	miss	놓치다, 그리워하다	389	buy	사다	549	pass	보내다
244	change	바꾸다	390	figure	모습(을 알아내다)	551	handle	다루다
245	hold	유지하다	391	eat	먹다	555	control	통제하다
248	play	놀다, 경기하다	392	read	읽다	560	offer	제공하다
250	hurt	아프게하다, 아픈	396	fall	떨어지다	561	grow	자라다, 키우다
256	lie	거짓말하다	408	drive	운전하다	563	agree	동의하다
257	break	부수다	412	act	행동하다	568	murder	살인하다
259	matter	문제	413	hang	걸다	575	push	밀다
261	meet	만나다	414	throw	던지다	583	breathe	숨쉬다
262	forget	잊다	420	write	쓰다	586	shoot	쏘다
264	die	죽다	427	order	주문하다, 명령하다	588	straight	곧게, 쭉
265	suppose	추측하다	436	shut	닫다	590	sell	팔다
276	seem	~처럼 보이다	445	catch	잡다	597	wake	깨우다
279	wonder	궁금해하다	457	kiss	키스	607	begin	시작하다

동사, 비동사, 명사

순번	단어	의미	순번	단어	의미	순번	단어	의미
609	deserve	~을 받을 만하다	797	beat	치다	**명사**		
611	become	~가 되다	804	respect	존경하다	74	time	시간
612	teach	가르치다	805	carry	나르다	97	way	방법, 길
620	ride	타다	811	pretend	~인 척하다	129	life	생명, 삶
622	hide	숨다	814	invite	초대하다	141	day	날
624	charge	부과하다	818	convince	납득시키다	143	god	신
625	appreciate	감사하다	819	owe	빚지다	152	night	밤
627	notice	알리다	820	waste	낭비하다	163	mom	엄마
630	blow	불다	828	knock	노크하다	165	home	집
638	count	세다	846	sing	노래하다	166	dad	아빠
643	swear	맹세하다	858	rid	없애다	173	year	년
649	press	누르다	866	doubt	의심하다	180	lot	많음
660	fix	고치다	870	jump	뛰다	190	minute	분(시간)
663	record	기록하다	872	belong	~에 속하다	196	being	상태모습인 것
665	treat	다루다	877	raise	기르다	197	mother	어머니
666	admit	인정하다	881	choose	고르다	202	baby	아기
669	enjoy	즐기다	882	join	가입하다	203	place	장소, 위치시키다
691	imagine	상상하다	885	fill	채우다	205	father	아버지
695	blame	비난하다	892	return	돌려주다	211	name	이름
702	accept	받아들이다	908	cross	건너다, 십자가	218	course	물론, 과정
705	relax	휴식하다	913	hire	고용하다	222	kid	아이
706	burn	불태우다	923	support	돕다	223	family	가족
710	prove	증명하다	926	bear	태어나다	228	idea	아이디어
717	fly	날다	927	apologize	사과하다	232	problem	문제
721	arrest	체포하다	929	seat	좌석, 앉히다	234	boy	소년
724	cry	울다	950	quit	그만두다	240	house	집
725	ring	벨이 울리다	953	train	훈련시키다	247	son	아들
733	bother	성가시게 하다	961	visit	방문하다	253	room	방
740	forgive	용서하다	991	settle	합의하다	254	money	돈
744	destroy	파괴하다	993	grab	잡다	255	left	leave의 과거(떠났다), 왼쪽
745	force	강요하다	995	discuss	논의하다	267	job	직업
748	ruin	망치다				269	head	머리
755	consider	숙고하다	**비동사**			270	hand	손
768	share	공유하다	5	is	상태모습이다	277	world	세계
769	hurry	서두르다	13	are	상태모습이다	283	deal	거래
771	kick	차다	27	was	상태모습이었다	292	word	단어
772	warn	경고하다	30	be	상태모습이다	295	plan	계획, 계획하다
773	allow	허락하다	83	were	상태모습이었다	298	child	아이
786	smell	냄새나다	91	been	상태모습이다			

품사별 1004 어휘 3

#	word	뜻	#	word	뜻	#	word	뜻
303	question	질문	421	power	힘	543	pain	고통
306	car	자동차	422	trouble	문제	544	paper	종이
312	week	주	426	line	줄	545	Christmas	크리스마스
315	end	끝, 끝내다	429	hospital	병원	548	company	회사
316	doctor	의사	431	Sam	(남자 이름)	553	cop	경찰관
317	part	부분	434	wedding	결혼식	554	gun	총
318	face	얼굴	438	number	숫자	556	marriage	결혼
319	chance	기회	439	police	경찰	557	president	대통령
323	hour	시간	440	story	이야기	558	piece	조각
324	morning	아침	444	month	달	562	foot	발
326	reason	이유	446	dinner	저녁식사	567	hundred	100
327	stuff	물건	450	husband	남편	570	dog	개
329	brother	형제	454	office	사무실	572	relationship	관계
331	point	지점, 요점	456	news	뉴스	574	dress	드레스
333	truth	진실	460	half	절반	576	hair	머리카락
334	school	학교	461	side	쪽	578	future	미래
335	heart	마음, 심장	463	picture	그림	596	food	음식
338	business	사업	469	bed	침대	598	state	상태, 주(지역)
341	wife	아내	471	law	법	599	none	누구도 아님, 어떤것도 아님
346	eye	눈	474	blood	피	600	birthday	생일
352	case	경우	475	sign	신호, 표시	603	street	거리
354	sister	여동생, 누나	478	moment	순간	604	message	메시지
361	fact	사실	488	sense	감각	606	mention	언급하다
363	phone	전화	493	death	죽음	608	city	도시
367	tomorrow	내일	500	secret	비밀인	613	twenty	20인
371	town	마을	501	sort	종류, 친절한	614	class	수업
381	daughter	딸	506	body	몸	616	key	열쇠, 핵심
383	door	문	507	front	앞	629	situation	상황
385	party	파티	510	light	빛, 가벼운	633	worth	가치있다
394	rest	나머지, 쉬다	513	test	시험	636	top	꼭대기
397	answer	대답	515	six	여섯인	637	cover	덮다
401	couple	커플	516	parents	부모님	644	card	카드
402	date	날짜	531	movie	영화	645	lead	이끌다
409	lady	숙녀	533	coffee	커피	650	TV	텔레비전
410	fire	불	534	fault	잘못	653	country	나라, 시골
411	hit	치다	537	water	물	655	drug	마약, 약
416	four	4, 4개인	537	ten	10인	658	step	단계, 걸음
418	game	게임	538	choice	선택	662	air	공기
419	book	책	539	John	(남자 이름)	664	honor	명예

명사

순번	단어	의미	순번	단어	의미	순번	단어	의미
668	arm	팔	775	voice	목소리	883	leg	다리
670	rule	규칙	778	letter	편지	884	health	건강
671	evil	악한	779	list	목록	886	captain	대장
673	information	정보	781	mess	엉망	887	file	서류
675	crime	범죄	782	evidence	증거	888	manage	관리하다
676	dollar	달러	790	shop	가게	889	bathroom	욕실
679	America	미국	791	hotel	호텔	891	window	창문
681	evening	저녁	795	road	길	895	soul	영혼
682	human	인간	799	clothes	옷	896	joke	농담
685	trip	여행	800	threat	협박하다	897	service	서비스
687	club	동호회	802	demon	악마	898	magic	마법
688	memory	기억	806	prison	감옥	900	uncle	삼촌
692	present	현재, 선물	807	shoes	신발	902	island	섬
696	apartment	아파트	808	attention	주목	904	cell	칸
697	favor	호의	809	witch	마녀	905	advice	충고
698	court	법정	812	bar	술집	909	boss	상관
708	charity	자선	815	gift	선물	911	issue	사안
709	accident	사고	817	self	자신	912	grandmother	할머니
711	bag	가방	821	ice	얼음	917	summer	여름
715	ball	공	825	aunt	고모	919	thirty	30인
716	table	탁자	827	lawyer	변호사	920	risk	위험한
719	mouth	입	832	floor	바닥	921	officer	경찰관
729	team	팀	834	earth	지구, 땅	924	afternoon	오후
736	angel	천사, 여자 이름	837	box	상자	928	finger	손가락
739	patient	환자	839	judge	판사	933	song	노래하다
741	war	전쟁	840	upstairs	윗층	936	boat	보트
742	jail	감옥	842	sake	목적, 이유	937	brain	뇌
746	lunch	점심식사	844	station	역	938	detective	형사
749	eight	8인	847	conversation	대화	939	pack	짐, 짐을싸다
752	ridge	산등성이	849	attack	공격하다	943	nine	9인
753	thousand	천의(숫자)	850	plane	비행기	945	breakfast	아침식사
754	music	음악	855	security	보안	947	age	나이
758	tape	테이프	856	report	보고서	949	pleasure	기쁨
760	boyfriend	남자친구	859	note	메모	951	system	체제
761	college	대학	861	store	가게	954	congratulation	축하
763	star	별	864	wall	벽	956	chief	최고지위자
764	bill	계산서	874	park	공원	957	faith	신념
765	seven	7인	876	ticket	표	958	gay	게이
767	history	역사	879	lord	주인	966	guest	손님

품사별 1004 어휘 4

973	spell	철자, 마법	183	always	항상	626	especially	특히
977	tie	매듭짓다	208	together	함께	631	besides	게다가
982	board	이사회	210	actually	사실은	640	rather	차라리 ~하다
984	position	위치	214	else	그 밖에	651	suddenly	갑자기
985	connection	연결	258	tonight	오늘 밤	654	usually	일반적으로
986	kitchen	주방	266	pretty	꽤, 예쁜	656	less	더 적은
989	experience	경험	271	exactly	정확히	657	perhaps	아마도
990	space	공간, 우주	272	already	이미	672	definitely	분명히
997	cat	고양이	274	next	다음	734	instead	~대신에
998	fifty	오십인	287	probably	분명히	801	neither	~도 아닌
1003	rock	바위	290	both	둘 다	829	apart	떨어져서
			297	soon	곧	852	yesterday	어제
부사			304	today	오늘	853	lately	최근에
7	not	~하지 않는다	313	yet	아직	906	somehow	어쨌든
28	just	단지, 막	321	once	(과거에) 한번	952	apparently	분명히
34	so	그래서, 아주	328	most	대부분의, 가장			
38	well	잘, 글쎄	357	anyway	어쨌든	**욕**		
46	here	여기	368	anymore	더 이상	219	hell	지옥
47	out	밖에	370	least	가장 적은	309	fuck	성교하다
48	there	거기	378	ago	~전에	344	damn	(제기랄)
57	up	위 쪽으로	400	bit	약간	481	shit	(똥)
58	now	지금	404	either	어느 하나는, 어느 하나도	566	ass	(엉덩이)
68	really	정말로	425	times	번, 배	824	bitch	(개같은) 년
82	back	뒤로	435	finally	마침내	867	screw	(욕, 성교하다)
96	then	그러고 나서	441	certainly	확실히	930	freak	(괴짜)
106	never	절대 ~하지 않는다	451	almost	거의	1001	idiot	(멍청이)
107	too	너무	468	sometimes	때때로			
124	maybe	아마도	470	also	또한	**이름**		
125	down	아래쪽으로	472	totally	완전히	241	Jack	(남자 이름)
127	very	아주	485	ahead	앞으로	428	Sonny	(남자 이름)
135	even	심지어	489	past	지난	452	Jen(=Jennifer)	(여자 이름)
136	off	~에 떨어져서	491	quite	꽤	480	Leo	(남자 이름)
137	please	부탁합니다	494	obviously	명백히	497	Carly	(여자 이름)
138	only	오직	518	absolutely	절대적으로	499	Ethan	(남자 이름)
146	still	여전히	546	outside	밖에서	520	Paul	(남자 이름)
148	again	다시	571	completely	완벽히	522	David	(남자 이름)
156	ever	한번도, 언제나	587	anywhere	어디든	564	Frank	(남자 이름)
160	away	멀리	587	somewhere	어딘가	564	Jake	(남자 이름)
161	first	첫번째(인)	618	forever	영원히	565	Al	(남자 이름)

명사, 부사, 욕, 이름, 전치사

순번	단어	의미	순번	단어	의미	순번	단어	의미
573	Michael	(남자 이름)	780	Kay	(이름)	965	Brady	(남자 이름)
580	Luis	(남자 이름)	784	Jerry	(여자 이름)	968	Troy	(남자 이름)
581	Max	(남자 이름)	785	Richard	(남자 이름)	972	Mary	(여자 이름)
585	Crane	(남자 이름)	787	Jesus	예수님	974	Courtney	(이름)
589	Grace	(여자 이름)	789	James	(남자 이름)	975	Mark	(남자 이름)
592	Phillip	(남자 이름)	792	Lindsay	(여자 이름)	976	Alan	(남자 이름)
593	White	(남자 이름)	793	Ryan	(남자 이름)	978	Paris	파리
594	Natalie	(여자 이름)	796	Eve	(여자 이름)	979	Joe	(남자 이름)
615	Lucy	(여자 이름)	803	Victor	(남자 이름)	981	Tim	(남자 이름)
634	Sheridan	(이름의 성)	813	Beth	(여자 이름)	994	Sharon	여자 이름
639	Ben	(남자 이름)	822	Nora	(여자 이름)	999	Miles	(남자 이름)
642	Julian	(남자 이름)	830	Jax	(지명)			
648	Joey	(남자 이름)	836	Jessica	(여자 이름)	전치사		
652	Antonio	(남자 이름)	838	Dawson	(사람의 성)	3	to	~에게
678	Jason	(남자 이름)	841	Alexis	(이름)	15	of	~의
680	George	(남자 이름)	843	Shawn	(남자 이름)	18	in	~안에
683	Ross	(남자 이름)	848	Ivy	(여자 이름)	23	for	~을 위해
686	Brooke	(사람의 성)	857	Barbara	(여자 이름)	31	on	~에 접촉해서
689	Niles	(미국 도시이름)	860	Adam	(남자 이름)	33	with	~과 함께
693	Todd	(남자 이름)	862	Mike	(남자 이름)	42	about	~에 대하여
699	Tony	(남자 이름)	865	Kevin	(남자 이름)	64	at	~의 지점에서
700	Alison	(여자 이름)	873	Buffy	(여자 이름)	76	as	~할 때, ~로서
701	Rick	(남자 이름)	875	Chloe	(여자 이름)	85	from	~로 부터
704	Rose	(여자 이름, 장미)	880	Erica	(여자 이름)	119	over	~위에
712	Danny	(남자 이름)	893	Brenda	(여자 이름)	128	by	~에 의해
718	Craig	(남자 이름)	903	Jim	(남자 이름)	147	into	~의 안 쪽으로
723	Billy	(남자 이름)	907	Blair	(여자 이름)	177	around	~의 주위에
730	Bob	(남자 이름)	910	Laura	(여자 이름)	193	through	~을 통해
732	Ray	(남자 이름)	915	Elizabeth	(여자 이름)	301	since	~이래로
737	Nick	(남자 이름)	916	Sabrina	(여자 이름)	310	without	~없이
743	Miguel	(남자 이름)	922	Eric	(남자 이름)	387	between	~사이에
747	Cristian	(남자 이름)	934	Olivia	(여자 이름)	407	under	~의 아래에
750	Greenlee	(지명)	935	Cassie	(이름)	447	against	~에 반대해서
751	Phoebe	(여자 이름)	940	Aaron	(남자 이름)	482	behind	~뒤에
756	Luke	(남자 이름)	941	Kendall	(남자 이름)	483	inside	~안에
759	Emily	(여자 이름)	955	Josh	(남자 이름)	495	along	~를 (쭉) 따라
766	Timmy	(남자 이름)	959	Simon	(남자 이름)	623	except	~을 제외하고
776	Chris	(이름)	962	Hal	(남자 이름)	932	across	~을 건너서
777	Tom	(남자 이름)	964	Edmund	(남자 이름)	970	forward	앞으로

품사별 1004 어휘 5

머리말 Q > A > 무료 강의 > 책 사용법 > 10 미드 선정 > 미드 보는 법 > 1004 어휘 > **품사별 어휘** > 전치사 > 차례

988	during	~동안

접속사

9	that	저, 저것
10	and	그리고
14	what	무엇은, 무엇을
35	but	그러나
51	if	~한다면
62	how	어떻게, 얼마나
69	why	왜
78	who	누구
79	when	~할 때
93	or	또는
94	because	~하기 때문에
104	where	어디(에서)
154	before	~전에
157	than	~보다
172	after	~후에
252	which	어떤 것
291	while	~하는 동안
308	until	~할 때까지
311	whatever	무엇이든
424	though	~하지만
559	unless	(혹시라도)~하지않는다면
667	till	~할 때까지
833	whether	~든 아니든

조동사

11	do	한다
29	will	~할 것이다
44	did	~했다
45	would	~하려한다
54	can	~할 수 있다
75	could	~할 수도 있다
84	can't	~할 수 없다
102	does	한다
105	gonna	(당연히)~할 것이다
110	should	~해야 한다
220	might	~할지도 모른다
230	must	~해야 한다
273	may	~할 것 같다
294	gotta	~해야 한다
727	shall	(분명히)~한다

한정사

4	the	그
8	a	한
20	this	이, 이것
22	no	누구도 ~하지 않는다
37	all	모든
92	some	약간,
99	an	한
112	our	우리의
134	any	어떤
139	two	두개인
164	other	다른
176	these	이, 이것들
187	those	저, 저것들
226	every	모든
239	another	또 하나의
339	each	각각의
353	such	그런

형용사

43	right	옳은, 오른쪽
53	okay	괜찮은
73	good	좋은
101	little	약간
117	sure	확신하는
118	more	더 많은, 더 많이
120	sorry	미안한
133	much	많은, 많이
149	great	대단한
155	better	더 좋은
162	long	긴
167	fine	좋은
174	big	큰
175	last	마지막, 지난
191	late	늦은
192	wrong	틀린
194	new	새로운
198	bad	나쁜
213	nice	좋은
216	done	끝난
227	enough	충분한, 충분히
229	old	늙은
236	own	~의 소유인
238	whole	전체의
242	best	최고의, 최고로
246	happy	행복한
260	real	진짜인
263	same	같은
275	three	셋인
281	hard	어려운, 힘든
284	second	두번째인
293	dead	죽은
299	alone	혼자
305	sweet	달콤한
307	ready	준비된
336	lucky	운좋은
337	true	진실인
340	few	2~3개인
343	easy	쉬운
355	different	다른
359	many	수가 많은
369	five	5개인
379	perfect	완벽한
380	beautiful	아름다운
384	crazy	미친
386	afraid	두려운
388	important	중요한
393	serious	진지한
395	fun	재미있는
398	glad	기쁜
399	possible	가능성 있는
415	interested	흥미있는
417	far	먼

전치사, 접속사, 조동사, 한정사, 형용사

순번	단어	의미	순번	단어	의미	순번	단어	의미
432	alright	괜찮은	646	busy	바쁜	922	ridiculous	말도 안되는
437	able	가능한	647	black	검은색	931	nervous	불안한
443	free	자유로운	674	strange	이상한	942	general	일반적인
448	funny	웃기는	677	tired	피곤한	946	horrible	끔찍한
449	scared	무서운	684	red	붉은색인	948	awful	끔찍한
453	stupid	멍청한	690	calm	조용한	967	double	두배의
455	cool	멋진, 시원한	694	fair	공정한	969	sad	슬픈
464	safe	안전한	703	responsible	책임있는	971	fool	멍청한
467	young	젊은	707	million	백만	980	slow	느린
484	high	높은, 높이	713	smart	똑똑한	983	hungry	배고픈
487	wonderful	놀라운	714	small	작은	944	huge	거대한
492	sick	아픈	720	pregnant	임신한	996	third	세번째인
496	upset	속상한	722	middle	중간의	1000	fat	뚱뚱한
508	clear	분명한	726	careful	조심스러운	1004	rich	부자인
511	hot	뜨거운	731	guilty	유죄인			
517	early	이른, 일찍	757	tough	거친			
519	alive	살아있는	762	proud	자랑스러운			
523	special	특별한	783	cute	귀여운			
527	kidding	농담하는 중인	788	excited	신나게 된			
528	honest	진실한	794	quiet	조용한			
529	full	가득한	798	short	짧은			
540	fast	빠른, 빠르게	810	near	가까운			
547	worse	더 나쁜	816	dark	어두운			
552	personal	개인의	823	incredible	(믿기지않게)놀라운			
569	strong	강한	826	normal	일반적인			
579	weird	이상한	835	private	사적인			
582	simple	단순한	845	worst	가장 나쁜			
584	dangerous	위험한	851	comfortable	안락한			
591	cold	추운	854	lovely	사랑스러운			
595	entire	전체의	863	single	단일의			
601	clean	깨끗한	868	major	주된			
602	terrible	끔찍한	869	blue	푸른색인			
605	concerned	염려되는	871	deep	깊은			
610	angry	화난	890	willing	기꺼이 ~하는			
619	poor	가난한, 불쌍한	894	difficult	어려운, 힘든			
621	mad	미친	899	favorite	가장 좋아하는			
628	quick	빠른	901	public	공공의			
635	amazing	놀라운	914	innocent	죄 없는			
641	involved	관련된	918	ex	전남편, 전부인			

전치사 1

| 머리말 Q > A > 무료 강의 > 책 사용법 > 10 미드 선정 > 미드 보는 법 > 1004 어휘 > 품사별 어휘 > **전치사** > 차례 |

그는 말한다
[둘러싸는 한 웃기는 방식에서]

in
둘러싸는 ~에서

a funny way 한 웃기는 방식, a room 한 방, the morning 그 아침, a dream 한 꿈, love 사랑, the world 세계

둘러싸는 한 웃기는 방식에서 *in a funny way*

둘러싸는 한 방에서 *직접 영어로 적어보세요*

둘러싸는 그 아침에

둘러싸는 한 꿈에서

둘러싸는 사랑에서

link 나는 한 친구를 가진다
[접촉하는 인터넷에서]

on
접촉하는 ~에서

the internet 그 인터넷, a house 한 집, the street 그 거리, on the walls 그 벽들, on the day 그 날

접촉하는 그 인터넷에서

접촉하는 한 집에서

접촉하는 그 거리에서

접촉하는 그 벽들에서

접촉하는 그 날에서

1 in in the a room, in the morning, in a dream, in love
2 on on the internet, on a house, on the street, on the walls, on the day
3 to to the school, to wisdom, to God, to the hell, to the party
4 from from the sky, from the body, from Korea, from the animals, from her

가장 많이 쓰는 전치사 8개

참고: 4시간에 끝내는 영화영작 기본패턴:6,7단원

to
향한 곳은 ~에

school 그 학교, wisdom 지혜, God 신, the hell 그 지옥, your daughter 너의 딸, the party 그 파티

향한 곳은 그 학교에

향한 곳은 지혜에

향한 곳은 신에게

향한 곳은 그 지옥에

향한 곳은 그 파티에

from
출발한 곳은 ~으로부터

the sky 그 하늘, the body 그 몸, Korea 한국, the animals 그 동물들, her 그녀

출발한 곳은 그 하늘로부터

출발한 곳은 그 몸으로부터

출발한 곳은 한국으로부터

출발한 곳은 그 동물들로부터

출발한 곳은 그녀로부터

전치사 2

머리말 Q > A > 무료 강의 > 책 사용법 > 10 미드 선정 > 미드 보는 법 > 1004 어휘 > 품사별 어휘 > **전치사** > 차례

사람들은 너를 원하지 않는다
[**목표하는** 그들의 왕을 **위해**]

for
목표하는 ~을 위해

their king 그들의 왕, reasons 이유들, money 돈, my son 나의 아들, war 전쟁, the church 그 교회

목표하는 그들의 왕을 위해

목표하는 이유들을 위해

목표하는 돈을 위해

목표하는 나의 아들을 위해

목표하는 전쟁을 위해

너는 많은 책을 가진다
[**관련되는** 여자들**에**]

about
관련되는 ~에

women 여자들, love 사랑, boxes 상자들, you 너, the problems 그 문제들, your sleep 너의 잠

관련되는 여자들에

관련되는 사랑에

관련되는 상자들에

관련되는 너에

관련되는 그 문제들에

5 for for their king, for reasons, for money, for my son, for war
6 about about women, about love, about boxes, about you, about the problems
7 of of my grandmother, of your nuts, of water, of them, of mine
8 with with the storm, with a girl, with us, with the advice, with him

가장 많이 쓰는 전치사 8개

참고: 4시간에 끝내는 영화영작 기본패턴: 6,7단원

of
공유하는 ~의

grandmother 할머니, your nuts 너의 콩들, water 물, them 그들, mine 나의 것

공유하는 나의 할머니의

공유하는 너의 콩들의

공유하는 물의

공유하는 그들의

공유하는 나의 것의

with
함께하는 ~과

the storm 그 폭풍, a girl 한 소녀, us 우리들, it 그것, the advice 그 충고, him 그(남자),

함께하는 그 폭풍과

함께하는 한 소녀와

함께하는 우리들과

함께하는 그 충고와

함께하는 그(남자)와

8시간에 끝내는 기초영어 미드천사: 기초회화 패턴 41

차례

Page 6　　8　10　　12　　14　　16　　18　　28　　38　42
머리말 Q > A > 무료 강의 > 책 사용법 > 10 미드 선정 > 미드 보는 법 > 1004 어휘 > 품사별 어휘 > 전치사 > **차례**

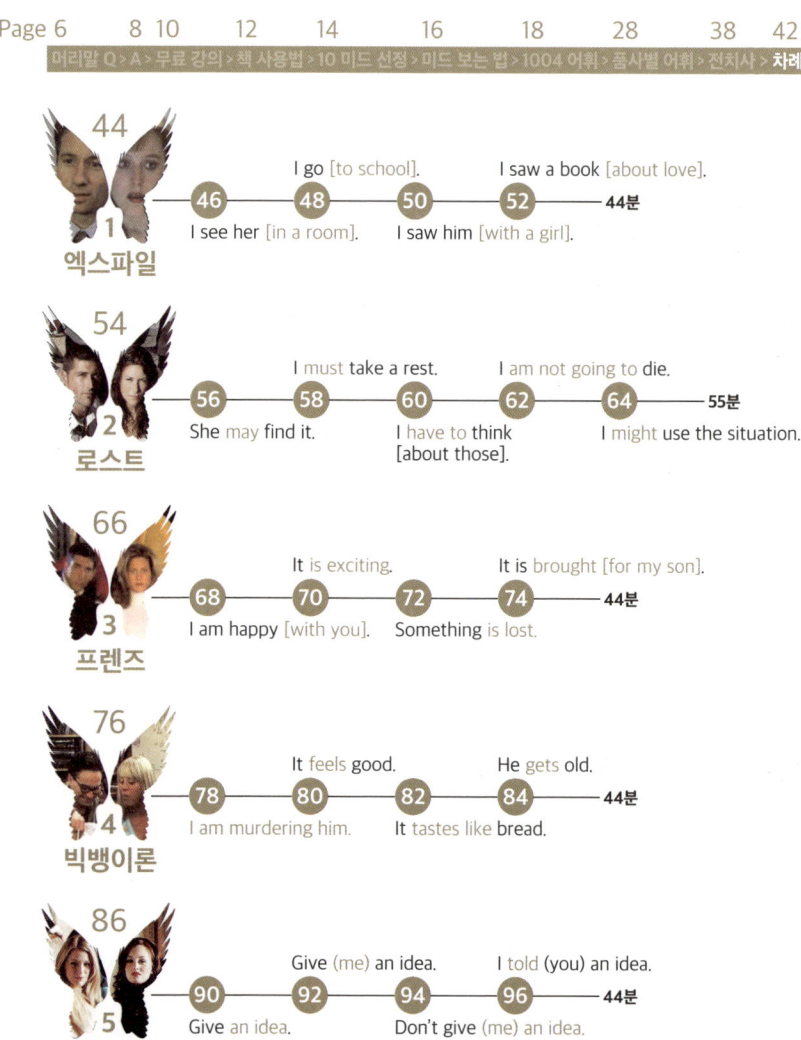

44
1 엑스파일
46 — I see her [in a room].
48 — I go [to school].
50 — I saw him [with a girl].
52 — I saw a book [about love].
— 44분

54
2 로스트
56 — She may find it.
58 — I must take a rest.
60 — I have to think [about those].
62 — I am not going to die.
64 — I might use the situation.
— 55분

66
3 프렌즈
68 — I am happy [with you].
70 — It is exciting.
72 — Something is lost.
74 — It is brought [for my son].
— 44분

76
4 빅뱅이론
78 — I am murdering him.
80 — It feels good.
82 — It tastes like bread.
84 — He gets old.
— 44분

86
5 가십걸
90 — Give an idea.
92 — Give (me) an idea.
94 — Don't give (me) an idea.
96 — I told (you) an idea.
— 44분

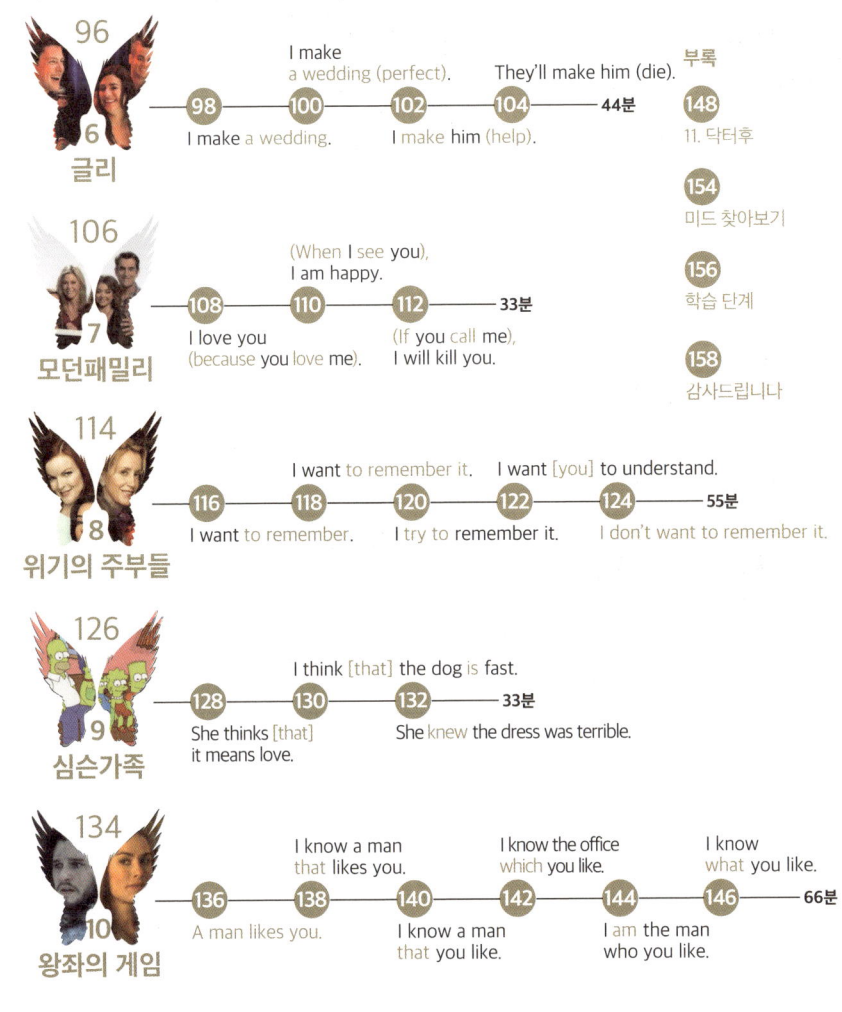

엑스파일

44분

정부에서 숨기는(?) 과학적으로 설명이 안 되는 일들을 멀더와 스컬리가 파헤친다. 과연 진실은 저 밖에 있을까? 2016년 1월 그들이 돌아온다!

멀더
외계인을 믿는

FBI의 X-File(주로 외계인) 담당 요원. 12살 때 여동생이 외계인에게 납치돼서 실종됐다고 믿으며, 동생이 언젠간 돌아올 것으로 생각하고 사건을 파헤친다.

스컬리
외계인을 믿지 않는(?)

외계인을 믿지 않는 것처럼 보이는 의사 출신 요원. 외계인이 없다고 강하게 주장하다가도 멀더가 외계인이 있다는 증거를 보여줄 때마다 조용해진다.
멀더의 감시자 역할로 일을 시작하지만, 감시자보다는 조력자에 가깝다.

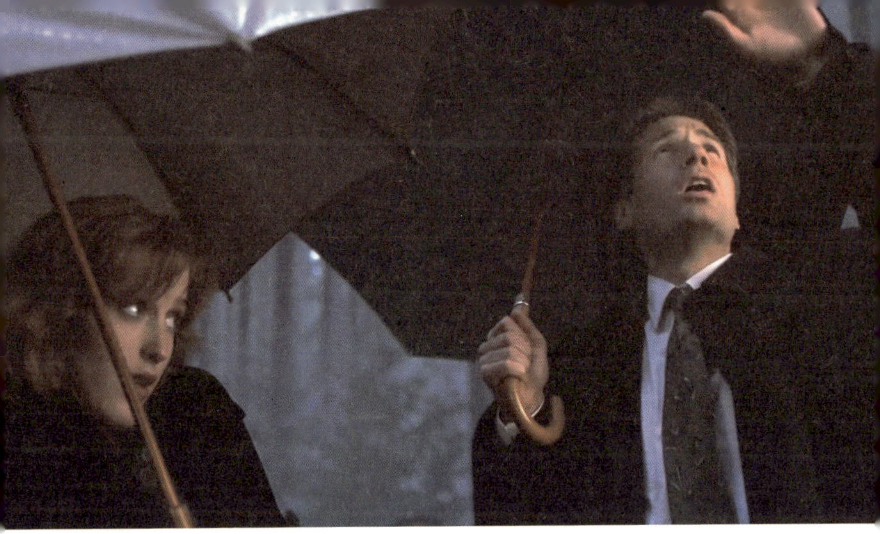

5 Ranking | % 89 man | % 11 woman | 10 age | 20 age | 30 age | 40 age

강의,영상,MP3

장르	9시즌 (202편, 완결)	추천 에피소드	추천 미드	난이도
SF, 드라마, 스릴러	1993~2002, 2016~	5-12, 2-25, 3-4	CSI, 닥터 후	★★

미국 북동부에 있는 뉴햄프셔주(실화는 아님)에서 의문사한 학생을 조사하기 위해 멀더와 스컬리가 갑니다. 이번에도 멀더는 음모가 있다고 생각하고, 스컬리는 그럴 리 없다고 생각합니다. 조사 도중 갑자기 하늘에서 두꺼비들이 떨어지는 것을 보고 멀더가 농담으로 '점심용인가?'라고 하자 스컬리는 말합니다: Toads just fell from the sky.

그들은 의문사한 학생의 학교로 갑니다. 학생들이 돼지 해부 시험을 보고 있었는데, 한 학생이 소리를 지르면서 도망쳐 나옵니다. 멀더가 왜 그랬냐고 물어보니, 그 학생이 과거를 말하며 어렸을 때 양아버지의 미신행위 때문에 겁탈당하고 3번 유산했다고 합니다. 심지어 자신의 동생은 8살 때 제물로 바쳐졌다고 합니다.

멀더와 스컬리는 그 학생의 양아버지를 찾아가지만, 양아버지는 강하게 부인합니다. 친어머니도 부인하며, 동생이 8살 때 죽은 게 아니라 8개월 때 죽은 것이라고 합니다.

다음날 그 학생은 보다만 돼지 해부 시험을 다시 보는 도중에 자살합니다. 그 이유는 해부학 선생님이 그 학생의 팔찌로 주술행위를 했기 때문입니다. 멀더는 조사하러 가서 선생의 방에서 나는 향냄새를 의심하지만 명백한 증거는 찾을 수 없습니다.

그리고 양아버지가 멀더에게 자백을 하는데, 해부학 선생이 전화를 걸어 주술로 스컬리의 목소리로 도움을 요청하자, 멀더는 자백을 못 듣고 급히 스컬리에게 갑니다.

I see her [in a room].
누가 　　한다 　　무엇을 　　둘러싸는 　한 방
내가 본다 　그녀를 　　　　　한 방 안에서

영어에서 가장 많이 쓰이는 구조인 '누가-한다-무엇을' 뒤에 'in/on +명사'가 붙는다
(p.38, 39 참고). in: (둘러싸는) ~안에, on: (접촉하는) ~에서.
이 단원이 어렵다면 '8시간에 끝내는 기초영어 미드천사: 왕초보 패턴'을 볼 것.
자세한 개념과 활용은 무료강의(miklish.com)를 참고.

---

510 너는 [한 꿈속에서] 그를 본다.
로스트 4-2 소이어 **Hint** see, dream

　누가　　　　　한다　　　　　무엇을
[　　　　　　　　　　　　　　　　　　]

장면 로크가 사라진 월트를 봤다고 하자.

511 그는 [한 웃기는 방식 안에서] 그 진실을 말한다.
모던패밀리 1-15 제이 **Hint** tell, funny way, truth

　누가　　　　　한다　　　the　　무엇을
[　　　　　　　　　　　　　　　　　　]

장면 가기 싫다는 아내를 설득해 그 코미디언 공연에 갔다가 자신이 놀림감이 됩니다.

512 나는 [한 집에 (접촉해)있는] 한 곰을 본다.
로스트 2-18 찰리 **Hint** bear, house

　누가　　　　　한다　　　　　　　　
[　　　　　　　　　　　　　　　　　　]

장면 말도 안 되는 농담을 하는 찰리.

513 나는 [그 인터넷에 (접촉해)있는] 한 친구를 가진다.
가십걸 2-17 블레어 **Hint** internet

　　　　　　　　　　　　　　　　　　
[　　　　　　　　　　　　　　　　　　]

장면 칼 선생님과 학생인 댄이 사귈지도 모르는 애매한 징후를 본 뒤, 소문을 퍼트려 복수하려고.

익힌 단어		익힐 단어	
see [siː]	보다, 보이다	room [ruːm]	방
tell [tel]	말하다	bear [bɛər]	곰
internet [intərnet]	인터넷	house [haus]	집
friend [frend]	친구	morning [mɔ́ːrniŋ]	아침
meet [miːt]	만나다	truth [truːθ]	진실
have [hǽv]	가지다	way [wei]	방식, 길
funny [fʌ́ni]	웃기는	dream [driːm]	꿈
		street [striːt]	거리

참고: 기초영어 미드천사:왕초보패턴 1,2단원, 4시간에 끝내는 영화영작:기본패턴 1,6단원

514 나는 그녀를 본다
[한 방 안에서].

I see her
in a room.

515 나는 한 곰을 본다
[한 집에 접촉해 있는].

I see a bear
on a house.

516 엄마는 한 의사를 본다
[그 아침 안에서].

Mom sees a doctor
in the morning.

517 그는 그 진실을 말한다
[한 웃기는 방식 안에서].

He tells the truth
in a funny way.

518 너는 그를 본다
[한 꿈속에서].

You see him
in a dream.

519 나는 한 친구를 가진다
[그 인터넷에 있는].

I have a friend
on the internet.

520 그녀는 한 친구를 만난다
[그 거리에서].

She meets a friend.
on the street.

정답 1 You see him in a dream.
   2 He tells the truth in a funny way.
   3 I see a bear on a house. (원문 I saw a polar bear on roller blades.)
   4 I have a friend on the internet. (원문 I have a friend in cyberspace.)

반복 1회 ☐
횟수 2회 ☐
　　　 3회 ☐
　　　 4회 ☐

I go [to school].
누가 　한다　　　향한 곳은　　　학교
내가 간다　　　　학교에

'누가-한다-무엇을'에서 '무엇을'이 빠진 대신에 'to/from +명사'가 올 수 있다(p.38, 39 참고). to: (향한 곳은) ~으로, from: (출발한 곳은) ~으로부터.
자세한 개념과 활용은 무료강의(miklish.com)를 참고.

521 나는 [신에게] 맹세한다.
프렌즈 2-1 조이　**Hint** swear, God

　　누가　　　　　한다

[　　　　　　　　]

장면 조이가 소개해준 양복점에서 챈들러가 성추행을 당한 뒤, 그것이 성추행임을 몰랐던 조이.
문법 God은 종교에서 '유일신'을 의미할 때 a나 the 없이 대문자로 시작하는 God을 쓴다.

522 그 길은 [지혜로] 이끈다.
엑스파일 6-19 멀더　**Hint** road, wisdom

　　누가　　　　누가　　　　한다

[　　　　　　　　　　　]

장면 스컬리와의 속담 싸움에서 '과유불급(지나친 것은 좋지 않다)'이라고 말합니다.

523 그것은 [그 시체로부터] 온다.
엑스파일 1-20 멀더　**Hint** body

　　누가　　　　한다

[　　　　　　　　　　]

장면 하수로의 거대한 벌레에 대해.

524 두꺼비들이 단지 [그 하늘로부터] 떨어진다.
엑스파일 2-14 스컬리　**Hint** toad

_____　just _____

[　　　　　　　　　　　]

장면 시체가 발견된 곳에서의 대화 중.

익힌 단어

God [gɑd] 신
Korea [kərí:ə] 한국
lead [li:d] 이끌다
fall [fɔ:l] 떨어지다

익힐 단어

go [gou] 가다
come [kʌm] 오다
school [sku:l] 학교
road [roud] 길
swear [swɛər] 맹세하다
body [bádi] 몸, 시체
wisdom [wízdəm] 지혜
toad [toud] 두꺼비

참고: 4시간에 끝내는 영화영작:기본패턴 13단원

525 나는 간다
[학교에].

I go
to school.

526 그 길은 이끈다
[지혜로].

The road leads
to wisdom.

527 나는 맹세한다
[신에게].

I swear
to God.

528 그것은 온다
[그 시체로부터].

It comes
from the body.

529 두꺼비들이 떨어진다
[그 하늘로부터].

Toads fall
from the sky.

530 그는 간다
[학교에].

He goes
to school.

531 그들은 온다
[한국으로부터].

They come
from Korea.

정답 1 I swear to God.
 2 The road leads to wisdom. (원문 The road of excess leads to the palace of wisdom.)
 3 It comes from the body.
 4 Toads just fall from the sky.

반복 1회 ☐
횟수 2회 ☐
3회 ☐
4회 ☐

I saw him [with a girl].
누가   한다   무엇을   함께하는   한   소녀
내가   봤다   그를   한 소녀와 함께

'누가-한다-무엇을' 다음에 'with+명사', 'of+명사',가 온다.
with: (함께하는) ~과, of: (일부 혹은 전체를 공유하는) ~(중)의.
자세한 개념과 활용은 무료강의(miklish.com)를 참고.

---

532 우리는 모두 [우리와 함께] 어떤 것을 나른다.
위기의 주부들 3-3 나레이션   **Hint** carry, something

    누가   **all**   한다   무엇을

[   ]

장면 그 어떤 것을 가볍게 해줄 수 있는 사람과 여행할 수 있다면 다행이지요.

533 모든 폭풍은 [그것과 함께] 소망을 가져온다.
위기의 주부들 3-1 나레이션   **Hint** storm, hope

   누가   누가   한다   무엇을

[   ]

장면 폭풍(싸움)의 비로 세상(잘못)을 깨끗하게 할 것이라는 소망.
문법 every는 단수 취급하므로 '한다' 뒤에 s가 붙는다(왕초보 패턴 p.120).

534 나는 [너의 콩들 중의] 하나를 부순다.
글리 2-17 산타나   **Hint** nut, break

   누가   한다   무엇을

[   ]

장면 콩은 남성의 그 부위를 의미.
문법 남자가 가진 2개의 콩(?)들 일부가 한 개의 콩.

535 그녀는 나를 [나의 할머니에 대해] 기억나게 한다.
모던패밀리 4-24 글로리아   **Hint** remind, grandmother

[   ]

장면 그러니까 처음 보는 사람이지만 변호를 도와줘. 빨리 끝내고 내 차례가 와서 집에 가게(미첼에게).
문법 내가 가진 것 중 일부가 할머니에 대한 기억.

익힌 단어

break [breik] 부수다
one [wʌn] (어떤) 한 사람, (어떤) 한 물건
mom [mam] 엄마
book [buk] 책
your [júər] 너의
my [mai] 나의
saw [sɔː] 봤다(see의 과거 형태)

익힐 단어

carry [kǽri] 나르다
something [sʌmθiŋ] 어떤 것
storm [stɔːrm] 폭풍
hope [houp] 소망(하다)
nut [nʌt] 견과
grandmother [grǽndmʌðər] 할머니
remind [rimáind] 기억나게 하다
kind [kaind] 종류, 착한

참고: 기초영어 미드천사:왕초보패턴 2,4단원, 4시간에 끝내는 영화영작:기본패턴 7단원

536 나는 그를 봤다
[한 소녀와 함께(있는)].

I saw him
with a girl.

537 나는 한 종류를 봤다
[콩들의].

I saw a kind
of nuts.

538 우리는 어떤 것을 나른다
[우리와 함께].

We carry something
with us.

539 엄마는 책들을 나른다
[소망과 함께].

Mom carries books
with hope.

540 모든 폭풍은 소망을 가져온다
[그것과 함께].

Every storm brings hope
with it.

541 나는 하나를 부순다
[너의 콩들 중의].

I break one
of your nuts.

542 그녀는 나를 기억나게 한다
[나의 할머니에 대해].

She reminds me
of my grandmother.

정답 1 We all carry something with us.
2 Every storm brings hope with it. (원문 Every storm brings with it hope.)
3 I break one of your nuts.
4 She reminds me of my grandmother.

반복 1회 ☐
횟수 2회 ☐
3회 ☐
4회 ☐

I saw a book [about love].
누가   한다   무엇을   관련된 것은   사랑
내가   봤다   한 책을   사랑에 대해

'누가+한다+무엇을' 뒤에 'about+명사, for+명사'가 온다.
about: (관련되는) ~에, for: (목표하는) ~을 위해.
이 단원이 어렵다면 '4시간에 끝내는 기초영어 미드천사: 왕초보 패턴'을 볼 것.
자세한 개념과 활용은 무료강의(miklish.com)를 참고.

---

543 너는 [상자들에 대해] 어떤 것을 안다.
로스트 3-13 벤자민   **Hint** something, box

누가	한다	무엇을
[		]

장면 그리고 그 박스에는 당신이 원하는 것은 무엇이든 들어있으니 잠수함을 폭파하지 마시오.

544 너희들은 [여자들에 대해] 많은 책들을 가진다.
프렌즈 1-9 로스   **Hint** many, women

누가	한다	many	무엇을
[			]

장면 레즈비언이 되어 이혼한 전처의 애인(여자)에게.
문법 '너'와 '너희들' 모두 you.

545 우리 모두는 [다른 이유들을 위해(때문에)] 영웅들을 존경한다.
위기의 주부들 1-17 나레이션   **Hint** hero, reason, respect

누가	all	한다	무엇을
[			]

장면 여러 이유 중 가장 중요한 이유는 우리 모두 영웅(백마 탄 왕자님)에 의해 구출되는 꿈을 꾸기 때문이다.

546 모든 사람들은 [그들의 왕으로] 너를 원하지 않는다.
왕좌의 게임 2-4 렌리   **Hint** everyone, king

[			]

장면 스타니스가 동생(렌리)에게 자신이 왕이 되도록 도우라고 하자.

익힌 단어		익힐 단어	
saw [sɔː]	봤다(see의 과거 형태)	**box** [baks]	상자
know [nou]	알다	**women** [wímin]	여자들(woman의 복수형태)
something [sʌmθiŋ]	어떤 것	**different** [dífərənt]	다른
want [wɔːnt]	원하다	**reason** [ríːzn]	이유
respect [ríspekt]	존경하다	**king** [kiŋ]	왕
son [sʌn]	아들	**many** [méni]	(수가) 많은
book [buk]	책	**their** [ðέər]	그들의
		hero [híərou]	영웅

참고: 기초영어 미드천사:왕초보패턴 3,4단원, 4시간에 끝내는 영화영작:기본패턴 6,7단원

547 나는 한 책을 봤다
[사랑에 관련된].

I saw a book
about love.

548 너는 어떤 것을 안다
[상자들에 관련된].

You know something
about boxes.

549 우리는 영웅들을 존경한다
[다른 이유들을 위해].

We respect heroes
for different reasons.

550 너희들은 많은 책을 가진다
[여자들에 관련된].

You have many books
about women.

551 그녀는 너를 원한다
[돈을 위해].

She wants you
for money.

552 나는 너를 원하지 않는다
[나의 아들을 위해].

I don't want you
for my son.

553 모든 사람들은 너를 원하지 않는다
[그들의 왕을 위해].

Everyone doesn't want you
for their king.

정답 1 You know something about boxes.
    2 You have **many** books about women.
    3 We all respect heroes for different reasons.
    4 Everyone doesn't want you for their king. (원문 No one wants you for their king.)

반복 1회 ☐
횟수 2회 ☐
3회 ☐
4회 ☐

 # 로스트

55분

이름 모를 섬에 불시착한 비행기. 죽거나 사라지는 사람들.
그들의 과거와 현재. 그리고 화보 같은 멋진 자연.

잭
외과 의사
의협심이 강함. 생존자 중 유일한 의사. 케이트와 애매하게 교제 중. 실질적인 리더.

존
탐험가
섬에 오기 전까지는 하반신 불구. 섬에서는 칼로 멧돼지를 잡을 정도로 활동적이 됨. 잭과 의견충돌로 종종 신경전을 벌임.

소이어
전직 사기꾼
평소엔 아주 이기적으로 보이나 가끔씩 의외의 모습을 보임. 타인을 별명으로 부르기를 좋아함.

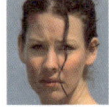

케이트
이송중 범죄자
여자들 중 가장 활동적. 잭과 소이어 사이에서 애매한 모습을 보임.

진
불손한 한국인
한국계 미국인. 선의 남편. 자기중심적. 어색하게 하는 한국어가 매력적.

선
한국인 부인
영화 쉬리에 나왔던 김윤진 씨. 영어를 못하는 척하는 순종적인 한국인 아내.

헐리
로또 당첨자

데스몬드
영국 출신

벤
비밀의 원주민

사이드
고문 전문가

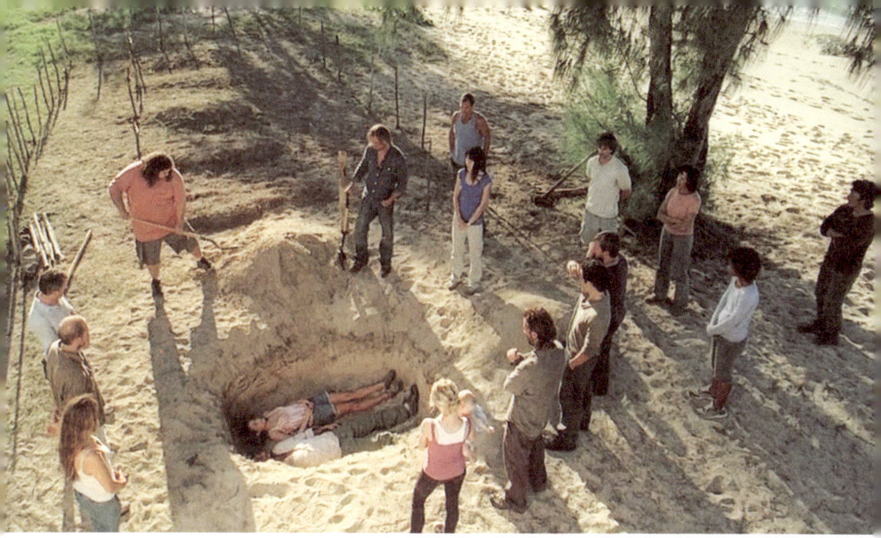

장르	6시즌 (121편, 완결)	추천 에피소드	추천 미드	난이도
미스터리, 스릴러	2004~2010	3-22, 4-5, 2-23	히어로즈, 프린지	★

영화배우 출신인 니키는 숲 속에서 뛰쳐나와 소이어 앞에서 죽습니다. 죽는 순간 뭐라고 중얼거리지만 소이어는 듣지 못합니다.

과거에 니키는 영화감독을 속여 독살시킨 뒤, 파울로(남자친구)와 함께 감독이 가진 80억 원 어치의 다이아몬드를 훔쳐 도망칩니다. 하지만 섬에 불시착하면서 다이아몬드와 금연 껌이 들어있는 가방도 함께 사라지게 됩니다.

파울로는 니키보다 먼저 가방을 발견해서 몰래 숨깁니다. 하지만 니키는 파울로의 금연 껌을 발견하고, 그동안 파울로가 자신을 속여왔다는 사실을 알게 됩니다.

니키는 8시간 동안 심장을 마비시키는 거미를 파울로에게 던져서 파울로는 거미에 물려 쓰러집니다. 이후에 그 거미의 페로몬이 불러온 다른 거미 때문에 니키도 그 거미에 물려 도망치다가 소이어 앞에서 자신이 마비됐다고 말하며 쓰러진 것입니다.

소이어는 그들이 죽은 줄 알고 무덤을 팝니다. 그때 선이 와서 소이어가 과거에 자신을 납치하려고 한 것에 화를 냅니다. 소이어가 진(선의 남편, 다혈질)에게 말할 거냐고 묻자 선이 대답합니다: Then, *we have to dig another grave.*

사람들이 모여 추도를 하고, 다이아몬드를 뿌리고 흙을 덮습니다. 그리고 8시간이 지나 그들이 깨어날 때쯤 흙은 점점 높게 덮여 갑니다. 그들은 과연 구해질 수 있을까요?

She may find it.
누가 　　50%의 가능성으로 　한다 　무엇을
그녀가 　　　찾을 것 같다 　　그것을

'may+한다(=동사)'는 하나의 덩어리로 봐야 하며, may는 '(50% 가능성으로) ~할 것 같다'를 의미한다. may 뒤의 '한다'는 원래 형태(사전에 실리는 형태)만을 써야 한다(may finds X, may find O) '아니라는 말'은 'may not'을 쓴다.

554 너는 이것을 찾을 것 같다.
로스트 3-6 줄리엣　**Hint** find

　누가　　　　한다　　　　한다　　　　무엇을

장면 믿기 어렵겠지만 나는 명령을 잘 따른다. 벤자민의 암 수술 전에 잭과의 대화.

555 그것은 너를 화나게 할 것 같다.
로스트 2-18 정신과 의사　**Hint** upset

　누가　　　　한다　　　　한다　　　　무엇을

장면 정신과 의사가 휴고의 망상증을 증명하는 사진을 보여주기 전에.

556 우리는 약간의 새로운 방문자들을 가질 것 같다.
로스트 3-16 벤자민　**Hint** visitor

　누가　　　　한다　　　　한다　　some new　　무엇을

장면 줄리엣에게 암이 치료된 동생을 보여주는 중에.

557 막대기들과 돌들은 단지 뼈들을 부러뜨릴 것 같다.
가십걸 2-16 나레이션　**Hint** stick, bone

　　　　　and stones 　　　　　just 　　　　　　　

장면 하지만 서류의 계약에 의한 복수가 더 좋다.

익힌 단어

find [faind] 찾다
this [ðis] 이것
it [it] 그것
break [breik] 부수다

익힐 단어

may [mei] (50% 가능성으로) 할 것 같다
upset [ʌpset] 화나게 하다
visit [vízit] 방문하다
visitor [vízitər] 방문자들
hospital [háspitl] 병원
stick [stik] 막대기, 붙이다
bone [boun] 뼈

참고: 기초영어 미드천사: 왕초보패턴 5단원, 4시간에 끝내는 영화영작: 응용패턴 3단원

558 나는 그것을 찾을 것 같다. — I may find it.

559 너는 이것을 찾을 것 같다. — You may find this.

560 그것은 너를 화나게 할 것 같다. — It may upset you.

561 우리는 방문자들을 가질 것 같다. — We may have visitors.

562 그녀는 그 병원을 방문할 것 같다. — She may visit the hospital.

563 막대기들은 뼈들을 부러뜨릴 것 같다. — Sticks may break bones.

564 엄마는 나를 화나게 하지 않을 것 같다. — Mom may not upset me.

정답 1 You may find this.
2 It may upset you.
3 We may have **some new** visitors.
4 Sticks **and stones** may **just** break bones.

반복 1회 ☐
횟수 2회 ☐
3회 ☐
4회 ☐

8시간에 끝내는 기초영어 미드천사: 기초회화 패턴 57

I must take a rest.

누가 | 의무로서 한다 | 무엇을
내가 | **가져가야 한다** | **한 휴식을**

'must+한다(=동사)'는 하나의 덩어리로 봐야 한다. must는 '(의무로서) ~해야 한다'를 의미한다. 아니라는 말은 'must not(=mustn't)'을 쓴다.

---

565 우리는 모두는 안녕(goodbye)을 말해야 한다.
위기의 주부들 1-22 나레이션 **Hint** say, goodbye

___누가___ **all** ___한다___ ___한다___ ___무엇을___

장면 세상에 영원한 것은 없다.
문법 all은 대명사와 함께 쓸 때 대명사 뒤에 위치한다.

566 그녀는 한 입장을 가져가야 한다.
위기의 주부들 2-13 나레이션 **Hint** stand

___누가___ ___한다___ ___한다___ ___무엇을___ ___무엇을___

장면 그리고 싸워야 한다. 남자가 리모컨을 가지고 이디에게 주지 않을 때.

567 너는 [그 지옥으로] 걸어야 한다.
가십걸 3-22 블레어 **Hint** walk, hell

___누가___ ___한다___ ___한다___

[_____]

장면 이 모든 것의 중심부로. 바로 '파리'지.

568 나는 [너의 딸에게] 말해야 한다.
로스트 2-21 에코 **Hint** speak, daughter

_____ _____ _____ _____

[_____]

장면 죽었다 살아난 여자와 대화하려고.

익**힌** 단어
find [faind] 찾다
take [teik] 가져가다
eat [iːt] 먹다
daughter [dɔ́ːtər] 딸

익**힐** 단어
must [məst] (의무로서) ~해야 한다
hell [hel] 지옥
walk [wɔːk] 걷다
say [sei] 말하다
goodbye [gùdbái] 굿바이 (헤어지는 인사)
stand [stænd] 입장, 서다
rest [rest] 휴식
speak [spiːk] 말하다

참고: 기초영어 미드천사:왕초보패턴 5단원, 4시간에 끝내는 영화영작:기본패턴 5단원

569 나는 한 휴식을 가져야 한다.　　　　　　　　　　　I must take a rest.

570 우리는 굿바이를 말해야 한다.　　　　　　　　　　We must say goodbye.

571 그녀는 한 입장을 가져가야 한다.　　　　　　　　　She must take a stand.

572 너는 [그 지옥으로] 걸어야 한다.　　　　　　　　　You must walk to the hell.

573 너는 그것을 먹지 말아야 한다.　　　　　　　　　　You must not eat it.

574 나는 너의 딸에게 말해야 한다.　　　　　　　　　　I must speak to your daughter.

575 그들은 한 입장을 가져가지 말아야 한다.　　　　　They must not take a stand.

정답 1 We all must say goodbye.
2 She must take a stand.
3 You must walk to the hell. (원문 You must walk into the belly of the beast.)
4 I must speak to your daughter.

반복 1회 ☐
횟수 2회 ☐
3회 ☐
4회 ☐

I have to think [about those].
누가   이유가 있어서   한다   관련된 것은   저것들
내가   **생각할 이유가 있다**   **저것들에 관해**

'have to +한다(=동사)'는 하나의 덩어리로 봐야 하며, '~해야 할 이유가 있다'를 의미한다. must보다는 약한 뜻이다. '나와 너를 제외한 한 명(3인칭 단수)'일 때는 has to를 쓰며, '아니라는 말'은 'don't have to'를 쓴다.

---

576 너는 나를 믿어야 할 이유가 있다.
엑스파일 5-19 멀더   **Hint** believe

___누가___   ___한다___   ___한다___   ___한다___   ___무엇을___

장면 이 세상에서 유일하게 날 믿어줄 수 있는 사람이니까.

577 우리는 다른 하나의 무덤을 파야 할 이유가 있다.
로스트 3-14 선   **Hint** dig, grave, another

___누가___   ___한다___   ___한다___   ___한다___
___무엇을___   ___무엇을___

장면 소이어가 꾸민 일임을 알게 됐을 때(p.55).

578 우리는 항상 [저것들에 관해] 생각해야 할 이유가 없다.
심슨가족 6-14 호머   **Hint** think

___누가___   ___한다___   ___한다___   ___한다___   ___한다___
[_____ _____] all the time.

장면 그게 우리가 국회의원들을 뽑는 이유지.

579 너는 [그것을 위해] 일해야 할 이유가 있다.
심슨가족 4-1 호머   **Hint** work

_____ _____ _____ _____
[_____ _____]

장면 네가 진심으로 원하는 게 있다면 열심히 해야지. 그러니까 약속한 대로 성적 평균이 C를 못 넘었으니 크러스티 캠프에 갈 수 없다.

익**힌** 단어

believe [bilíːv] 믿다
think [θiŋk] 생각하다
work [wəːrk] 일하다
mom [mam] 엄마
about [əbáut] ~에 관해

익**힐** 단어

have to [hǽv tu] (이유가 있어서) ~해야 한다
dig [dig] 파다
grave [greiv] 무덤
another [ənʌðər] 다른 하나
those [ðouz] 저것들

참고: 기초영어 미드천사:왕초보패턴 5단원, 4시간에 끝내는 영화영작:기본패턴 5단원

580 나는 [저것들에 관해] 생각해야 할 이유가 있다.   I have to think about those.

581 너는 나를 믿어야 할 이유가 있다.   You have to believe me.

582 엄마는 나를 믿어야 할 이유가 있다.   Mom has to believe me.

583 우리는 다른 하나의 무덤을 파야 할 이유가 있다.   We have to dig another grave.

584 우리는 [저것들에 관해] 생각해야 할 이유가 없다.   We don't have to think about those.

585 너는 [그것을 위해] 일해야 할 이유가 있다.   You have to work for it.

586 그녀는 [그것을 위해] 일해야 할 이유가 없다.   She doesn't have to work for it.

정답 1 You have to believe me.
  2 We have to dig another grave.
  3 We don't have to think about those all the time.
  4 You have to work for it.

반복 1회 ☐
횟수 2회 ☐
      3회 ☐
      4회 ☐

I am not going to die.
누가 상태모습이다 어떤 무엇을
내가 **당연히** **죽지 않을 것이다**

'be going to'는 '(당연히/뻔하게) ~할 것이다'라는 의미로 앞으로의 일을 말한다는 점에서 'will(현재의 의지)'과 비슷하다. 워낙 많이 쓰는 표현이므로, 줄여서 gonna라고 말하기도 한다. 아니라는 말은 be not going to를 쓴다.

587 너는 (당연히) 죽을 것이다.
빅뱅이론 2-14 하워드   **Hint** die

누가+상태모습   어떤
무엇을   무엇을

장면 페니가 전 남자 친구에게 빌려준 돈을 대신 받으러 갔다가 문 앞에서 한 말.

588 너는 (당연히) 한 연예인이 될 것이다.
글리 3-22 핀   **Hint** star

누가+상태모습   어떤
무엇을   무엇을   무엇을   무엇을

장면 레이첼이 뉴욕 브로드웨이로 가야 해서 핀과 헤어질 때.

589 너의 팬들은 (당연히) [나의 팬들을 위해] 일할 것이다.
모던패밀리 3-8 알렉스   **Hint** fan

누가   누가   상태모습   어떤
무엇을   무엇을   [_____ _____ _____]

장면 너를 좋아하는 애들은 너처럼 잘나가지만 공부를 못하고, 날 좋아하는 애들은 현재는 못 나가도 공부를 잘하니깐.

590 남자친구들과 여자친구들은 (당연히) 오고 갈 것이다.
프렌즈 7-11 피비   **Hint** come

_____ and _____ _____ _____
_____ _____ and go.

장면 하지만 우정은 평생을 간다니까. 그러니까 데이트 때문에 친구와의 약속을 깨지마(조이에게).

익힌 단어

go [gou] 가다
fan [fæn] 팬
mom [mam] 엄마
boyfriend [bɔifrend] 남자친구

익힐 단어

be going to [bi góuiŋ tu](당연히) ~해야 한다
die [dai] 죽다
star [staːr] 별, 연예인

참고: 4시간에 끝내는 영화영작:기본패턴 5단원

591 나는 (당연히) 죽지 않을 것이다. I'm not going to die.

592 너는 (당연히) 죽을 것이다. You're going to die.

593 너는 (당연히) 한 연예인이 될 것이다. You're going to be a star.

594 그녀는 한 연예인이 되지 않을 것이다. She's not going to be a star.

595 너는 (당연히) 팬들을 위해 일할 것이다. You're going to work for fans.

596 남자친구들은 (당연히) 갈 것이다. Boyfriends are going to go.

597 엄마는 (당연히) 가지 않을 것이다. Mom isn't going to go.

정답 1 You're going to die.
2 You're going to be a star.
3 Your fans are going to work for my fans.
4 Boyfriends **and** girlfriends are going to come **and** go.

반복 1회 ☐
횟수 2회 ☐
3회 ☐
4회 ☐

I might use the situation.
누가 20%의 가능성으로 한다 무엇을
내가 사용할지도 모른다 그 상황을

과거의 조동사는 과거로는 드물게 쓰고, 주로 현재에 쓰며, 원래보다 뜻이 약해진다.
would: ~하려 한다, could: ~할 수도 있다, might: ~할지도 모른다

---

598 그 꿈꾸는 사람들은 그 꿈꾸는 사람들을 찾으려고 한다.
모던패밀리 3-9 캠 **Hint** dreamer, find

___누가___ ___누가___ ___한다___ ___한다___
__무엇을__ __무엇을__

장면 그리고 현실주의자(realist)들은 현실주의자들을 찾으려고 한다. 하지만 현실은 반대의 경우가 더 맞다. 꿈꾸는 사람들은 태양에 너무 가까이 날아오르면 안 되고, 현실주의자들은 꿈꾸는 사람 없이는 땅에서 떨어질 수도 없다.

599 모든 남자들은 [그와 함께] 먹으려 하지 않는다.
모던패밀리 2-23 헤일리 **Hint** all, eat

___누가___ ___누가___ ___한다___ ___한다___
[_____]

장면 학생들 대표로 하는 연설에서 다른 학생이 노는 시간에 공부했다고 하려는 알렉스를 말릴 때. 그리고 알렉스는 간디가 단식 투쟁을 했다고 하자, 헤일리는 하고 싶어서 한 게 아니라 다른 사람들이 같이 안 먹으려고 했기 때문이라는 말도 안되는 이야기를 함.

600 그것은 [너에게] 일어날 수도 있다.
엑스파일 8-16 멀더 **Hint** happen, could

___누가___ ___한다___ ___한다___
[_____]

장면 그러니 내가 겪었던 일을 밝혀낼 것입니다.

601 이 가짜 우정은 진짜일지도 모른다.
가십걸 4-13 블레어 **Hint** friendship, might

_____ fake _____ _____ _____

장면 그렇게 믿고 너에게 인턴 자리를 양보한 나는 바보였다.

익힌 단어		익힐 단어	
find [faind]	찾다	**dreamer** [drí:mər]	꿈꾸는 사람
eat [i:t]	먹다	**happen** [hǽpən]	발생하다
this [ðis]	이, 이것	**fake** [feik]	가짜
that [ðæt]	저, 저것	**friendship** [fréndʃip]	우정
use [ju:z]	사용하다	**real** [rí:əl]	진짜인
		situation [sìtʃuéiʃən]	상황
		phone [foun]	전화(하다)

참고: 4시간에 끝내는 영화영작:기본패턴 5단원

602 나는 그 상황을 사용할지도 모른다.   I might use the situation.

603 그 꿈꾸는 사람들은 그들을 찾으려고 한다.   The dreamers would find them.

604 나는 그 전화기를 가질 수도 있다.   I could have the phone.

605 남자들은 [그와 함께] 먹으려고 하지 않는다.   Men wouldn't eat with him.

606 그것은 [너에게] 일어날 수도 있다.   It could happen to you.

607 저것은 진짜일 수도 없다.   That couldn't be real.

608 이 우정은 진짜일지도 모른다.   This friendship might be real.

정답 1 The dreamers would find the dreamers.
2 All men wouldn't eat with him. (원문 No one would eat with him.)
3 It could happen to you.
4 This **fake** friendship might be real.

반복 1회 ☐
횟수 2회 ☐
3회 ☐
4회 ☐

프렌즈

44분

10년간 10시즌. 최고의 장수 미드 중 하나. 친구 6명의 우정과 사랑 이야기. 종합 랭킹 1위의 미드. (난이도가 높아 초보분들께는 추천하지 않습니다.)

레이첼 가장 인기 많은

결혼식 날 도망쳐 모니카의 집에 눌러앉음. 카페 웨이트리스 일을 하다가 나중엔 패션바이어가 됨. 우유부단하고 덜렁댐. 존재감이 가장 높음.

로스 푼수

공룡연구 박사. 바보 같은 행동을 자주 함. 순수하고 진지한 만남을 꿈꾸지만, (드라마에서) 3번의 이혼 경력이 있음. 고등학생 시절부터 레이첼을 좋아해 옴.

모니카 제멋대로

로스의 여동생. 요리사. 결벽증이 심함. 강한 경쟁심. 나중에 챈들러와 결혼함.

챈들러 그나마 평범

농담을 즐겨하는 조이의 룸메이트. 소심함. 집에서 닭을 키우기도 함.

피비 4차원

불우한 성장배경을 가짐. 채식주의자. 이상한 노래를 자주 부름.

조이 바람둥이

여자들에게 인기 많음. 여자와 음식에 심하게 집착.

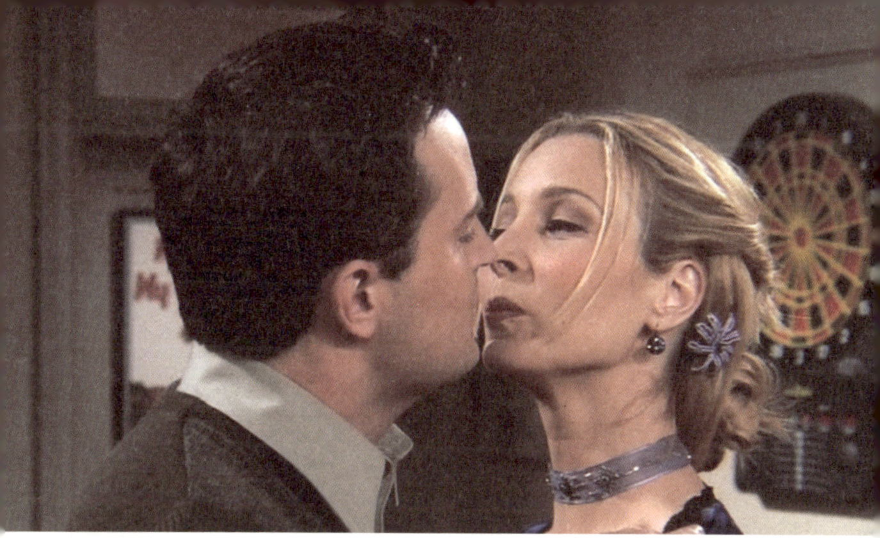

장르	10시즌 (236편, 완결)	추천 에피소드	추천 미드	난이도
드라마, 코미디	1994~2004	10-18, 5-14, 10-17	빅뱅이론	★★★

살면서 한 번쯤 의도치 않게 이웃집을 훔쳐본(?) 일이 있을 텐데요. 프렌즈에서는 자주, 의도적으로 건너편 집의 뚱뚱한 나체남자(벌거숭이)를 훔쳐봅니다. 이 남자는 집에서 항상 벗고 사는데, 모습은 안나오고 말만 많이 나오다 보니 어떻게 생겼는지 궁금합니다.

드디어 그 남자가 이삿짐을 싸는 모습을 보고 로스는 그 집을 얻기 위해 벌거숭이 집에 갑니다. 피비도 함께 가는데, 피비는 벌거숭이의 집에서 건너편의 모니카와 챈들러가 키스하는 것을 보게 됩니다. 그래서 모니카의 오빠인 로스만 빼고 둘의 관계를 알게 됩니다. 피비는 챈들러 커플을 골려주자며 음모를 꾸밉니다. 둘이 사귄다는 사실을 챈들러 커플에게는 알리지 않고 재미삼아 피비는 챈들러를 유혹합니다. 피비는 챈들러의 알통을 칭찬하고, 엉덩이를 꼬집습니다.

챈들러는 피비가 자신에게 관심을 보인다고 모니카에게 이야기하지만, 모니카는 그럴리 없다고 농담으로 말합니다: All the girls are attracted to you. 하지만, 결국 피비가 속이고 있다는 것을 알아챕니다. 그래서 챈들러도 장난으로 피비를 좋아하는 것처럼 피비에게 접근하고, 서로 지기 싫어서 억지로 키스할 정도로 사태는 심각해집니다.

로스는 벌거숭이의 집을 얻기 위해 옷을 벗고 친해져서 결국 그 아파트를 얻어냅니다. 문제는 로스가 건너편의 친동생(모니카)와 챈들러(친구)의 관계 장면을 보게 됩니다.

I am happy [with you].
누가 상태모습이다　　행복한　　　함께하는 것은　너
내가 상태모습이다 행복한　　　　　너와 함께

'누가-상태모습이다-어떤' 다음에 'on/in/with +명사'가 온다. (참고: on, in: 38,39,46,47, with:p.40, 41)
'누가-상태모습이다-어떤'구조의 문장. 자세한 내용은 '8시간에 끝내는 기초영어 미드천사: 왕초보 패턴' 6,7,10단원(p.90-115,138-145) 참고.

609 나는 [그 충고와 함께] 아주 좋지는 않다.
프렌즈 8-17 챈들러　**Hint** advice

누가+상태모습　　상태모습　　so　　어떤

[　　　　　　　　　　　　　　　]

장면 조이와 레이첼 사이가 이상해지자 고민을 털어놓는 레이첼에게 비꼬는 충고도 괜찮겠냐며.

610 우리는 [이 세계 안에서] 모두 혼자이다
위기의 주부들 2-22 나레이션　**Hint** alone

누가+상태모습　all　　어떤

[　　　　　　　　　　　　　　　]

장면 당연히 여기던 가족들도 어느날 우리를 버리고 떠납니다.

611 나는 [그 벽들에 접촉해 있는] 그 보는 사람(감시자)이다.
왕좌의 게임 1-7 존 스노우　**Hint** watcher, wall

누가+상태모습　　어떤　　　어떤

[　　　　　　　　　　　　　　　]

장면 과거를 잊고 새 삶을 살아야하는 나이트 워치의 서약에서.

612 나는 [그 어둠 안에 있는] 그 칼이다.
왕좌의 게임 1-7 존 스노우　**Hint** sword

_____　_____　_____

[　　　　　　　　　　　　　　　]

장면 과거를 잊고 새 삶을 살아야 하는 나이트 워치의 서약에서.

익**힌** 단어

happy [hǽpi]	행복한
good [gud]	좋은
advice [ædváis]	충고
world [wəːrld]	세계
room [ruːm]	방
problem [prábləm]	문제

익**힐** 단어

so [sou:]	아주, 그래서
alone [əlóun]	혼자인
watcher [wátʃər]	감시자
wall [wɔːl]	벽
sword [sɔːrd]	(양날인) 칼
darkness [dáːrknis]	어둠
company [kʌmpəni]	회사

참고: 기초영어 미드천사:왕초보패턴 6,7단원, 4시간에 끝내는 영화영작:기본패턴 3,4단원

613 나는 행복하다
[너와 함께].

I'm happy
with you.

614 나는 아주 좋지는 않다
[그 충고와 함께].

I'm not so good
with the advice.

615 우리는 혼자이다
[이 세계 안에서].

We're alone
in this world.

616 그는 혼자가 아니다
[그 방 안에서].

He's not alone
in the room.

617 나는 그 감시자이다
[그 벽들에 접촉해 있는].

I'm the watcher
on the walls.

618 나는 그 칼이다
[그 어둠 안에 있는].

I'm the sword
in the darkness.

619 그가 그 문제이다
[그 회사 안에 있는].

He's the problem
[in the company].

정답 1 I'm not so good with the advice.
2 We're all alone in this world.
3 I'm the watcher on the walls.
4 I'm the sword in the darkness.

반복 1회 ☐
횟수 2회 ☐
3회 ☐
4회 ☐

It is exciting.
누가 　상태모습이다　 어떤
그것은 상태모습이다 신나게 하는 중인.

'누가-상태모습이다-어떤'에서 '어떤'에 '한다+ing'인 단어를 쓸 수 있다. '한다+ing'는 '~하는 중인'을 의미(exciting)한다. 이 문장 구조가 어렵거나 자세한 사항을 알고 싶다면 미드천사 왕초보패턴 p.138 참고.

---

620 겨울이 오는 중이다.
왕좌의 게임 1-1 에다드　**Hint** winter

_____누가_____　_____상태모습_____　_____어떤_____

장면 스타크의 가언이자 1시즌에서 끊임없이 나오는 대사.

621 우리는 너의 감자를 캐는 중이다.
엑스파일 2-20 멀더　**Hint** dig, potato

_____누가+상태모습_____　_____어떤_____ up _____무엇을_____ _____무엇을_____

장면 늑대인간이라고 의심되는 사람의 집의 땅을 파다가 걸렸을 때 뭐하냐고 묻자.

622 너는 그 힘들과 함께 노는 중이다.
빅뱅이론 2-7 쉘든　**Hint** play

_____누가+상태모습_____　_____어떤_____ with forces.

장면 쉘든에게 복수로 토요일마다 하는 빨래를 못하도록 페니가 모든 세탁기를 사용했을 때. 쉘든은 페네가 감당할 수 없는 힘들과 함께 노는 중이라며 (스타워즈 패러디).

623 그는 어떤 것을 잃는 중이다.
가십걸 1-10 나레이션　**Hint** something

_____

장면 그 어떤 것은 바로 그(척)의 마음.

익힌 단어		익힐 단어	
something [sʌmθiŋ]	어떤 것	**exciting** [iksáitiŋ]	신나게 하는 중인
		winter [wíntər]	겨울
		coming [kʌmiŋ]	오는 중인
		digging [digiŋ]	파는 중인, 캐는 중인
		potato [pətéitou]	감자
		playing [pleiŋ]	노는 중인
		losing [lú:ziŋ]	잃는 중인

참고: 기초영어 미드천사:왕초보패턴 10단원, 4시간에 끝내는 영화영작:기본패턴 8단원

624 그것은 신나게 하는 중이다.   It's exciting.

625 그들은 우리를 신나게 하는 중이다.   They're exciting us.

626 겨울이 오는 중이다.   Winter is coming.

627 우리는 캐는 중이다.   We're digging.

628 너는 노는 중이다.   You're playing.

629 그는 어떤 것을 잃는 중이다.   He's losing something.

630 그들은 어떤 것을 잃는 중이 아니다.   They're not losing something.

정답
1 Winter is coming.
2 We're digging **up** your potato.
3 You're playing **with forces**.
4 He's losing something.

반복 1회 ☐
횟수 2회 ☐
3회 ☐
4회 ☐

Something is lost.
<small>누가   상태모습이다   어떤</small>
어떤 것이   상태모습이다 잃어버려진

'누가-상태모습이다-어떤'에서 '어떤'에 '한다+ed(주로, 왕초보패턴 부록 p.148~153 참고)'인 단어를 쓸 수 있다. '한다+ed'는 '~되어진'의 의미(lost)를 가진다.

---

631 나는 신나게 되어진다.
모던패밀리 1-8 필   **Hint** excited

누가+상태모습   어떤

장면 그렇게 기대했던 생일인데 아내가 준 건 5번의 공짜 안아주기 쿠폰.

632 우리는 자랑스러워진다.
심슨가족 2-1 호머   **Hint** proud

누가+상태모습   어떤

장면 유급 당할 뻔했던 바트가 D-를 받아 겨우 이수한 성적표를 보고.

633 그는 살해당해진다.
빅뱅이론 7-18 라지   **Hint** murdered

누가+상태모습   어떤

장면 갑자기 쓰러진 스튜어트를 보고 라지가 범인은 이방안에 있다며(명탐정 코난 패러디).

634 그 모든 소녀들은 (마음이) 이끌려진다.
프렌즈 5-14 모니카   **Hint** attracted, all

장면 왕자병에 걸린 챈들러에게.
문법 all은 다른 한정사(the, my 등)와 같이 쓸 때 그 한정사 앞에 쓴다.

익힌 단어		익힐 단어	
girl [gəːrl]	소녀	excited [iksáitid]	신나게 되어진
		proud [praud]	자랑스러워진
		attracted [ətrǽktid]	(마음이) 이끌려진
		murdered [mə́ːrdərd]	살해된
		eaten [íːtn]	먹혀진

참고: 4시간에 끝내는 영화영작:기본패턴 9단원

635 어떤 것이 잃어버려진다.   Something is lost.

636 나는 신나게 되어진다.   I'm excited.

637 우리는 자랑스러워진다.   We're proud.

638 그 소녀들은 이끌려진다.   The girls are attracted.

639 그는 살해당해진다.   He's murdered.

640 그 감자는 먹혀진다.   The potato is eaten.

641 우리는 신나게 되어진다.   We're excited.

정답
1 I'm excited.
2 We're proud.
3 He's murdered.
4 All the girls are attracted.

반복 1회 ☐
횟수 2회 ☐
3회 ☐
4회 ☐

It is brought [for my son].

누가 상태모습이다 　어떤　　　 목표로 하는 것은　나의　　아들
그것은 상태모습이다 가져와진　　나의 아들을 위해

'누가-상태모습이다-어떤(한다+ed)' 뒤에 [전치사+명사]가 추가 된 구조를 연습한다.
전치사는 앞에서 배운 것 중에서 'of, to, in, for'이 나온다(p.38~53 참고).

642 우리는 [너에 대해] 자랑스러워진다.
심슨가족 2-1 호머　**Hint** proud, of

누가+상태모습　　어떤
[　　　　　　　　　]

장면 유급 당할 뻔했던 바트가 D-를 받아 겨우 이수한 성적표를 보고.
문법 '자랑스러워 하는 것'과 '너'는 일부를 공유(of)한다.

643 그 모든 소녀들은 [너에게] 이끌려진다.
프렌즈 5-14 모니카　**Hint** attracted

누가　　 누가　　 누가　　상태모습　　어떤
[　　　　　　　　　]

장면 왕자병에 걸린 챈들러에게.
문법 all은 다른 한정사(the, my 등)와 같이 쓸 때 그 한정사 앞에 쓴다.

644 우리는 [한 이유를 위해] 여기에 가져와 졌다.
로스트 1-24 존　**Hint** brought, reason

누가　　상태모습　　어떤　　here
[　　　　　　　　　]

장면 그리고 바로 이 섬이 우리를 데리고 온 거지.

645 그는 [이 방 안에서] 살해당해진다.
빅뱅이론 7-18 라지　**Hint** murdered

＿＿＿＿＿＿　＿＿＿＿＿
[　　　　　　　　　]

장면 갑자기 쓰러진 스튜어트를 보고 라지가 범인은 이방 안에 있다며.

익힌 단어

murdered [mə́:rdərd] 살해된
brought [brɔ:t] 가져와진
attracted [ətrǽktid] (마음이) 이끌려진
son [sʌn] 아들
proud [praud] 자랑스러워진
way [wei] 방식, 길

익힐 단어

room [ru:m] 방

참고: 4시간에 끝내는 영화영작:기본패턴 9단원

646 그것은 가져와졌다
[나의 아들을 위해].

It's brought
for my son.

647 우리는 자랑스러워진다
[너에 대해].

We're proud
of you.

648 그 모든 소녀들은 이끌려진다
[너에게].

All the girls are attracted
to you.

649 우리는 가져와졌다
[한 이유를 위해].

We were brought
for a reason.

650 그는 살해당해진다
[이 방 안에서].

He's murdered
in this room.

651 그들은 살해당해지지 않는다
[그 방식 안에서].

They're not murdered
in the way.

652 나는 자랑스러워진다
[나의 엄마에 대해].

I'm proud
of my mom.

정답 1 We're proud of you.
2 All the girls are attracted to you.
3 We were brought here for a reason.
4 He's murdered in this room.

반복 1회 ☐
횟수 2회 ☐
3회 ☐
4회 ☐

빅뱅이론
44분

사랑보다 게임이 더 좋은 천재 오타쿠 과학자 4명과 여자친구들의 오덕스러운 이야기. 자신의 흑역사가 놀림감으로 돌변하는 남자들의 세계.

쉘든
천재 물리학자

16살에 박사학위를 딴 천재. 항상 같은 자리에 앉아야 하고, 먹는 음식과 일정이 정해져있음. 강박증, 결벽증으로 주변 사람 피곤하게 함. 양자역학 연구 중.

페니
날라리 미녀

자칭 채식주의자지만 생선과 스테이크는 먹음. 미모를 활용해 남성들을 이용함. '치즈케이크팩토리'에서 최저임금을 받고 알바 중. 레너드와 애매한 관계.

레너드
그나마 평범

물리학 박사. 페니를 좋아함. 쉘든과 방을 나눠 씀. 소심의 극치. 쉘든이 은근하게 괴롭힘. 유당 분해 못함. 라지의 동생과 은밀한 관계.

에이미
여자 쉘든

쉘든의 여자친구? 생물학자. 평생 연애는 못 해 봄. 페니를 가장 친한 친구라고 믿음. 실제로 박사학위 소지자.

하워드
능글능글 허세

친구들의 실수를 유튜브에 올리는 게 취미. 돼지고기를 즐겨 먹는 무늬만 유태인. MIT 석사 출신 엔지니어.

라지
인도 천문학자

술 마셔야만 여자와 대화 가능. 가부장적인 부모님이 갑부. 여성성이 짙음. 인도음식을 싫어하는 인도인.

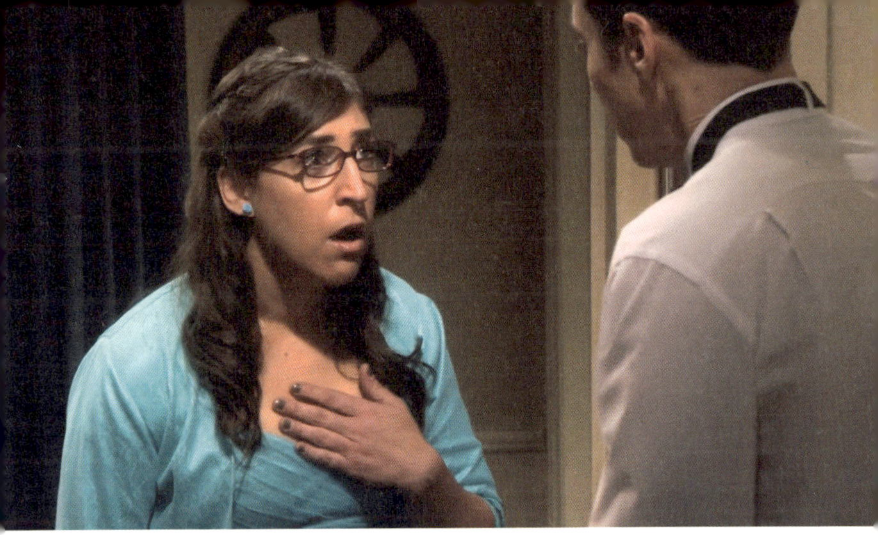

장르	8시즌 (183편)	추천 에피소드	추천 미드	난이도
코미디, SF	2007~	2-11, 3-22, 3-8, 2-15	프렌즈	★★★★★

페니의 드레스를 발견하고 졸업 무도회 이야기가 나옵니다. 학창시절 퀸카였던 페니는 7번이나 졸업 무도회에 갔기에 아무 미련이 없었지만, 에이미와 버나뎃은 끔찍한 졸업 무도회 때문에 미련이 많습니다. 에이미는 무도회에 초대받지 못한 대신 무도회장 청소 당번으로 일하다가 대걸레와 함께 한 곡을 춤췄습니다. 그리고 버나뎃의 파트너였던 남자는 사실 버나뎃의 친구에게 데이트 신청했지만 거절당하자 자신에게 데이트를 신청했던 것이었습니다. 덕분에 버나뎃은 밤새 자기 친구에 대한 이야기를 들어야 했습니다. 그래서 버나뎃은 과거의 슬픈 기억을 극복하고자 가상의 졸업 무도회를 제안합니다.

    쉘든은 공부만 하느라 무도회 경험도 연애 경험도 없었습니다. 무도회에서 어떤 것을 경험하게 될지 몰라서 설레기도 하지만, 한편으로는 걱정도 됩니다.

    레너드는 턱시도를 입고 페니를 만나 서로를 칭찬하지만, 쉘든은 드레스를 입은 에이미에게 우물쭈물하다가 못하겠다며 다시 방으로 돌아갑니다. 에이미는 쉘든의 문 앞에서 쉘든을 불러내지만 대답이 없자, 혼자서라도 무도회에 가겠다고 합니다. 그때 쉘든이 나와서 말합니다: I did think you looked pretty. 이어서 놀랍게도 쉘든이 에이미에게 사랑한다고 고백합니다(이 드라마 전체에 걸쳐 쉘든은 절대 이런 말을 할 성격이 아닙니다). 에이미는 좋지만 너무 놀라서 공황발작이 옵니다.

I am murdering him.
누가 상태모습이다   어떤   무엇을
내가 상태모습이다 살해하는 중인   그를

'한다+ed'와, '한다+ing'를 섞어서 연습한다.
'한다+ed'는 '~되어진'을 의미하고('누가'가 당하는 것),
'한다+ing'는 '~하는 중인'을 의미한다('누가'가 하는 것).

653 그는 살해당해진다.
빅뱅이론 7-18 라지   Hint murder

누가+상태모습   어떤

장면 갑자기 쓰러진 스튜어트를 보고 라지가 범인은 이방안에 있다며.

654 나는 신나게 되어진다.
모던패밀리 1-8 필   Hint excite

누가+상태모습   어떤

장면 그렇게 기대했던 생일인데 아내가 준 건 5번의 공짜 안아주기 쿠폰.

655 너는 그와 결혼하는 중이 아니다.
빅뱅이론 7-24 버나뎃   Hint marry

누가+상태모습   상태모습   어떤   무엇을

장면 단지 그 남자랑 결혼하는 게 아니라 그의 가족과 결혼하는 것이다.

656 너는 너 자신을 부끄럽게 하는 중이다.
심슨 8-15 마지   Hint embarrass, yourself

_____ _____

장면 호머가 게이는 잘못된 것이라고 하자.

익**힌** 단어

murdered [mə́:rdərd] 살해된
murdering [mə́:rdəriŋ] 살해하는 중인
excited [iksáitid] 신나게 되어진
exciting [iksáitiŋ] 신나게 하는 중인
marrying [mǽriiŋ] 결혼하는 중인

익**힐** 단어

attracting [ətrǽktiŋ] (마음을) 이끄는 중인
married [mə́:rdərd] 결혼 되어진
embarrassing [imbǽrəsiŋ] 부끄럽게 하는 중인
yourself [juərsélf] 너 자신을

참고: 4시간에 끝내는 영화영작:기본패턴 8,9단원

657 그는 살해당해진다.   He's murdered.

658 나는 그를 살해하는 중이다.   I'm murdering him.

659 나는 신나게 되어진다.   I'm excited.

660 그것은 나를 신나게 하는 중이다.   It's exciting me.

661 나는 그와 결혼하는 중이 아니다.   I'm not marrying him.

662 그는 결혼되어지지 않는다.   He's not married.

663 너는 너 자신을 부끄럽게 하는 중이다.   You're embarrassing yourself.

정답 1 He's murdered.
2 I'm excited.
3 You're not marrying him.
4 You're embarrassing yourself.

반복 1회 ☐
횟수 2회 ☐
3회 ☐
4회 ☐

8시간에 끝내는 기초영어 미드천사: 기초회화 패턴

It feels good.
_{누가   상태모습이다   어떤}
그것은 느낌이 난다   좋은

'누가-상태모습이다-어떤'에서 '상태모습이다' 부분에 be동사(am, are, is 등) 대신에 느낌 관련 동사(look, feel, taste, sound, smell, seem)를 쓸 수 있다. 여기서는 look과 feel만 나온다. 여기서 look은 보여지기만 하지만, feel은 느끼기도 하고, 느낌이 나기도 한다.

---

664 너는 예뻐 보인다.
빅뱅이론 8-8 쉘든   **Hint** pretty

_____누가_____ _____상태모습_____ _____어떤_____

장면 쉘든이 에이미를 봤을 때.

665 그것은 나빠 보인다.
위기의 주부들 1-23 카를로스   **Hint** bad

_____누가_____ _____상태모습_____ _____어떤_____

장면 약해보이는 사람을 폭행한 자신이 나빠 보였다고. 카를로스를 감옥에서 꺼내줄 때
문법 실제 활용에서 그것이(it) 보는 게 아니라 이 말을 하는 '내가' 보기에 그것이 나빠 보인다는 뜻이다. 그것(it)이 본다는 의미로 쓰려면 look 뒤에 at이 나와야 한다.

666 나는 살아있다고 느낀다.
모던패밀리 1-24 필   **Hint** alive

_____누가_____ _____상태모습_____ _____어떤_____

장면 농구 경기장에 과자를 몰래 가져왔다가 걸릴 뻔했을 때 스릴을 느끼고.

667 나는 항상 나쁘다고 느낀다.
모던패밀리 1-21 필   **Hint** bad

_____ always _____ _____

장면 아버지와 안 친한 자식들을 봤을 때. 그런데 나도 그런 사람 중 하나였잖아.

익힌 단어

good [gud]	좋은
bad [bæd]	나쁜
pretty [príti]	예쁜

익힐 단어

lucky [lʌki]	운 좋은
easy [íːzi]	쉬운
alive [əláiv]	살아있는
look [luk]	보인다
feel [fiːl]	느껴진다, 느낀다

참고: 4시간에 끝내는 영화영작:응용패턴 2단원

668 그것은 좋다고 느껴진다.   It feels good.

669 너는 예뻐 보인다.   You look pretty.

670 그것은 나빠 보인다.   It looks bad.

671 나는 살아있다고 느낀다.   I feel alive.

672 나는 나쁘다고 느낀다.   I feel bad.

673 그는 운 좋게 보인다.   He looks lucky.

674 그것들은 쉽게 보인다.   They look easy.

정답
1 You look pretty.
2 It looks bad.
3 I feel alive.
4 I always feel bad.

반복 1회 □
횟수 2회 □
3회 □
4회 □

8시간에 끝내는 기초영어 미드천사: 기초회화 패턴

It tastes [like bread].
누가   상태모습이다   비슷한 것은   빵
그것이   맛이 난다   빵 같은

느낌 관련 동사를 쓸 때, '누가-상태모습이다-어떤'에서 '어떤' 부분에 명사(bread)를 쓸 때는 주로 like(전치사로는 '~같은'을 의미)와 함께 써준다. taste like, smell like, sound like, seem like 등. 아니라는 말은 don't나 doesn't를 써서 나타낸다.

675 그것들은 [타는것 같은] 맛이 난다.
심슨가족 9-14 랄프   **Hint** burning

   누가   상태모습

[   ]

장면 독이 든 이상한 열매를 먹은 소감.
문법 의미상 맞게 쓰려면 like를 빼고 burning 대신 burnt를 써야 한다.

676 그것은 [발(들)같은] 냄새가 난다.
모던패밀리 2-20 알렉스   **Hint** feet

   누가   상태모습

[   ]

장면 학교에 몰래 들어갔다가 수위 아저씨를 피해 남자 탈의실로 숨은 순간.

677 너는 [딸기들 같은] 맛이 난다.
로스트 3-2 소이어   **Hint** strawberries

   누가   상태모습

[   ]

장면 소이어가 케이트에게 키스했을 때.

678 저것은 정확히 [그 남자 같은] 소리다.
로스트 3-8 헐리   **Hint** sound

[exactly   ]

장면 찰리가 소이어의 물건을 훔치고도 괜찮다고 하자. 평소 안 좋은 이미지의 소이어 같은 행동이라며.

익힌 단어		익힐 단어	
bread [bred]	빵	**like** [laik]	~같은, 좋아하다
man [mæn]	남자	**burning** [bə́ːrniŋ]	(불)타는 것, 불타는 중인
		taste [teist]	맛이 나다
		smell [smel]	냄새가 나다
		sound [saund]	소리로 들린다, 소리
		feet [fiːt]	발들(foot의 복수형태)
		strawberry [strɔ́ːbèri]	딸기

참고: 4시간에 끝내는 영화영작:응용패턴 2단원

679 그것은 [빵 같은] 맛이 난다.   It tastes like bread.

680 그것들은 [타는 것] 같은 맛이 난다.   They taste like burning.

681 그것은 [발들 같은] 냄새가 난다.   It smells like feet.

682 너는 [딸기들 같은] 맛이 난다.   You taste like strawberries.

683 저것은 [그 남자 같은] 소리다.   That sounds like the man.

684 그것은 [빵 같은] 맛이 나지 않는다.   It doesn't taste like bread.

685 너는 [딸기들 같은] 맛이 나지 않는다.   You don't taste like strawberries.

정답 1 They taste like burning.
2 It smells like feet.
3 You taste like strawberries.
4 That sounds **exactly** like the man.

반복 1회 ☐
횟수 2회 ☐
3회 ☐
4회 ☐

He gets old.
누가 / 상태모습이다 / 어떤
그가 되어진다 늙게

'누가-상태모습이다-어떤'에서 '상태모습이다'에 be동사(am,are,is 등) 대신에 '한다'를 넣을 수도 있다. be동사가 정지된(순간의) 상태를 설명하는 느낌이라면, '한다(get, become, stay, remain, grow, come 등)'를 넣으면 '변화되는' 과정이 느껴진다.

686 나는 신나게 되어진다.
모던패밀리 3-24 캠 **Hint** get

_____누가_____ _____상태모습_____ _____어떤_____

장면 운전 중에 신나면 새끼손가락이 올라가.

687 쉘든은 운 좋지 않아진다.
빅뱅이론 7-6 쉘든 **Hint** get, Sheldon

___누가___ ___상태모습___ ___상태모습___ ___어떤___

장면 잘못된 계산에서 운 좋게 과학적 발견이 일어났다고 하자.

688 너는 그 최고의 친구가 된다.
가십걸 1-8 블레어 **Hint** best friend

___누가___ ___상태모습___ ___어떤___ ___어떤___ ___어떤___

장면 남자들은 사귀는 여자친구가 가장 친한 친구니까.

689 그 최고의 친구는 그 두번째 최고의 친구가 된다.
가십걸 1-8 블레어 **Hint** second

_____ _____ _____ _____상태모습_____

_____ _____ _____ _____

장면 남자들에게는 그전의 가장 친한 친구는 여자친구에게 밀리게 되지.

익힌 단어

friend [frend]	친구
real [ríːəl]	진짜인
exciting [iksáitiŋ]	신나게 하는 중인
best [best]	최고의
married [mǽrid]	결혼된
lucky [lʌ́ki]	운 좋은

익힐 단어

get [get]	(점점 변화해)진다, 생기다
become [bikʌm]	~가 된다
old [ould]	늙은
second [sékənd]	두 번째의

참고: 4시간에 끝내는 영화영작:응용패턴 2단원

690 나는 신나게 되어진다. — I get excited.

691 그는 늙어진다. — He gets old.

692 너는 그 최고의 친구가 된다. — You become the best friend.

693 그는 그 두 번째 최고의 친구가 된다. — He becomes the second best friend.

694 쉘든은 운 좋지 않아진다. — Sheldon doesn't get lucky.

695 그것은 진짜가 된다. — It becomes real.

696 그들은 결혼해진다. — They get married.

정답 1 I get excited.
2 Sheldon doesn't get lucky.
3 You become the best friend.
4 The best friend becomes the second best friend.

반복 1회 ☐
횟수 2회 ☐
3회 ☐
4회 ☐

가십걸

5 44분

뉴욕 맨해튼에서 금수저 물고 태어난 상류층 고등학생들의 사랑과 배신, 그 막장 드라마. 시선을 사로잡는 패션, 명품, 그에 어울리는 세련된 음악.

세레나
소문을 몰고 다니는 가십걸
사립 학교 이사장님의 딸. 평범한 듯 비범한 그녀. 매번 블레어에게 당하지만 블레어를 아낌. 착한척하지만 어쩌면 똑같은 위선자.

네이트
삼각 관계?
세레나의 전 남친. 세레나를 못 잊음. 은행장 아버지를 둠. 척과 한 호텔 방을 씀.

척
악당 갑부
아버지가 호텔 체인 사장. 돈 빼면 시체. 모든 여자는 내 것이라 믿는 껄떡남.

블레어
악녀
세레나의 베프(best friends). 유명 패션 디자이너의 딸. 악녀 기질이 좔좔. 알고 보면 맨날 김칫국만 마시는 불쌍한 역할. 모든 걸 다 가진 세레나를 질투함. 척과 꾸준히 사랑 게임 중.

댄
평범 주인공
중류층. 반에서 성적은 2등. 우연히(?) 세레나와 엮임. 아버지와 세레나 어머니는 과거 있음.

제니
댄의 여동생
여동생. 패션업 종사. 상류층과 어울리려고 블레어의 유혹에 넘어감.

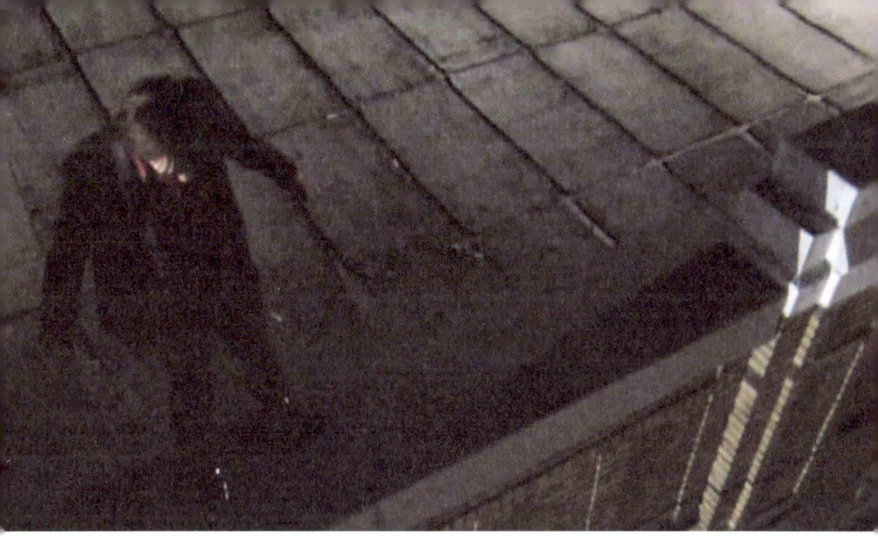

장르	6시즌 (121편, 완결)	추천 에피소드	추천 미드	난이도
드라마	2007~2012	6-10, 2-25, 2-13, 4-2	미스터 셀프리지	★★★★

세레나의 엄마와 댄의 아빠는 어릴 적에 깊이 사귄 사이입니다. 그 시절에 세레나의 엄마는 댄의 아빠 몰래 아기를 낳았지만, 사회적인 시선이 두려워 아기를 입양 보냅니다. 20년이 지난 지금, 댄의 아빠는 그 사실을 알게 돼서 입양된 자식을 찾으려고 합니다.

댄은 오랜 기다림 끝에 다시 세레나와 사귀게 됩니다(한국인의 정서로는 이해하기 힘든 부분입니다). 하지만 세레나의 엄마와 댄의 아빠 사이에 숨겨진 자식이 있다는 것을 알게 된 댄은 세레나와 가족 아닌 가족관계처럼 될까봐 두렵습니다. 댄의 아빠와 세레나의 엄마는 입양 보낸 자식을 찾아 떠나고, 댄은 세레나에게 그 사실을 말 못한 채 관계를 이어갑니다.

척은 블레어와의 오랜 사랑싸움에서 고백을 받아내며 승리합니다. 블레어는 오랜 밀당의 승리자인 척을 쫓아다니지만, 척은 아버지를 잃은 슬픔에 태국으로 떠납니다.

이후에 오랫동안 태국에서 방황하다 다시 학교로 돌아옵니다. 하지만 여전히 답답한 마음을 풀지 못하고 안 좋은 행실로 학교에서 정학당합니다. 그리고 술에 취해 옥상 난간을 걷다가 술병을 떨어트리는데, 술병이 깨지며 정신이 든 순간 나레이션이 나옵니다. 세상의 꼭대기에 선 순간 느끼는 것은 추락할 길이 멀다는 것이라고: It gives you a long way to fall.

Give an idea.
한다　　　　　무엇을
줘라　　　한 좋은 생각을

'누가-한다-(누구에게)-무엇을'구조를 익히기 위해 이 단원에서는 '(누구에게)'가 빠진 문장을 먼저 익혀본다. 그리고 시키는 문장은 '누가-한다-무엇을'에서 '누가'를 빼고 '한다'부터 시작한다(왕초보 패턴 9단원, p.128).

697 한 시간을 줘.
왕좌의 게임 1-7 렌리　**Hint** hour

____한다____　____무엇을____　____무엇을____

장면 그러면 병사 백 명을 모아줄 테니 왕비를 배신하시오(에다드에게).
문법 hour는 '발음'이 모음으로 시작하므로 an을 쓴다.

698 한 새를 줘.
모던패밀리 1-20 필　**Hint** bird

____한다____　____무엇을____　____무엇을____

장면 그러면 그 아이는 새와 함께 다니는 이상한 아이 중 한 명이 되겠지. 하지만 날개를 주면 그 아이는 날 수 있을 거야. 그렇게 호언장담을 하고 코치를 했지만...

699 초콜릿을 줘.
글리 2-5 베키　**Hint** chocolate

____한다____　____무엇을____

장면 아니면 당신을 죽여버릴 거야. 내가 정보를 줬으니까.

700 1초를 줘.
가십걸 2-10 애론　**Hint** second

_____　_____

장면 스튜디오에서 세리나가 모델이 됐을 때 카메라 준비를 기다려 달라며.

익힌 단어		익힐 단어	
second [sékənd]	초(시간), 두 번째	**idea** [aidíːə]	좋은 생각
		hour [auər]	시(시간)
		bird [bəːrd]	새
		chocolate [tʃɔ́ːkələt]	초콜릿
		chance [tʃæns]	기회
		reason [ríːzn]	이유
		some [səm]	약간, 어떤

참고: 4시간에 끝내는 영화영작:기본패턴 15단원

701 한 좋은 생각을 줘.   Give an idea.

702 한 시간을 줘.   Give an hour.

703 한 새를 줘.   Give a bird.

704 약간의 초콜릿을 줘.   Give some chocolate.

705 1초를 줘.   Give a second.

706 한 기회를 줘.   Give a chance.

707 한 이유를 줘.   Give a reason.

정답
1 Give an hour.
2 Give a bird.
3 Give chocolate.
4 Give a second.

반복 1회 ☐
횟수 2회 ☐
3회 ☐
4회 ☐

8시간에 끝내는 기초영어 미드천사: 기초회화 패턴

한다 (누구에게) 무엇을
쥐라 (나에게) 한 좋은 생각을

이전 페이지에서 익혔던 문장에서 '한다'와 '무엇을' 사이에 '(누구에게)'를 넣어서 연습한다.

708 너는 (나에게) 한 시간을 준다.
왕좌의 게임 1-7 렌리 **Hint** hour

_____누가_____ _____한다_____ (__누구에게__) __무엇을__ __무엇을__

장면 그러면 병사 백 명을 모아줄 테니 왕비를 배신하시오(에다드에게).

709 너는 (나에게) 일 초를 준다.
가십걸 2-10 애론 **Hint** second

_____누가_____ _____한다_____ (__누구에게__) __무엇을__ __무엇을__

장면 스튜디오에서 세리나가 모델이 됐을 때 카메라 준비를 기다려 달라며.

710 너는 (나에게) 초콜릿을 준다.
글리 2-5 베키 **Hint** chocolate

_____누가_____ _____한다_____ (__누구에게__) __무엇을__

장면 아니면 당신을 죽여버릴 거야. 내가 정보를 줬으니까.

711 나는 (한 아이에게) 한 새를 준다.
모던패밀리 1-20 필 **Hint** kid, bird

_____ _____ (_____)

_____ _____

장면 그러면 그 아이는 새와 함께 다니는 이상한 아이 중 한 명이 되겠지. 하지만 날개를 주면 그 아이는 날 수 있을 거야. 그렇게 호언장담을 하고 코치를 했지만...

익힌 단어

give [giv] 주다
kid [kid] 아이
bird [bəːrd] 새
hour [auər] 시(시간)
second [sékənd] 초(시간)
chocolate [ʧɔ́ːkələt] 초콜릿
idea [aidíːə] 좋은 생각

익힐 단어

Mike [maik] 마이크(사람 이름)

참고: 4시간에 끝내는 영화영작:기본패턴 15단원

712 (나에게) 한 좋은 생각을 줘. — Give me an idea.

713 너는 (나에게) 한 시간을 준다. — You give me an hour.

714 나는 (한 아이에게) 한 새를 준다. — I give a kid a bird.

715 너는 (나에게) 초콜릿을 준다. — You give me chocolate.

716 너는 (나에게) 1초를 준다. — You give me a second.

717 Mike는 (우리에게) 한 기회를 준다. — Mike gives us a chance.

718 그녀는 (나에게) 한 이유를 준다. — She gives me a reason.

정답
1 You give me an hour.
2 You give me a second.
3 You give me chocolate.
4 I give a kid a bird.

반복 1회 ☐
횟수 2회 ☐
3회 ☐
4회 ☐

Don't give (me) an idea.
한다　　　　　　　(누구에게)　　　무엇을
주지 마라　　　　　(나에게)　한 좋은 생각을

'누가-한다-(누구에게)-무엇을'에서 '한다(give)'를 제외한 나머지를 바꿔서 연습한다. 참고로 '(누구에게)'부분을 문장의 뒤로 넣을 수도 있다. 그 경우 구조는 '누가-한다-무엇을-to 누구에게'가 된다.

719 그것은 (너에게) 떨어져야 하는 한 긴 길을 준다.
가십걸 2-14 나레이션　**Hint** way

　　누가　　　　　한다　　　(누구에게)
　　무엇을　　　　무엇을　　　무엇을　　to fall.

장면 올라간 다음에는 떨어질 것을 걱정해야지(p.87).

720 한 소녀는 (한 남자에게) 그가 소유한 이름을 준다.
왕좌의 게임 2-8 자켄　**Hint** own, name

　　누가　　　　　누가　　　　　한다　　　(누구에게 누구에게)
　　무엇을　　　　무엇을　　　　무엇을

장면 아리아에게 보답으로 3명을 죽여주겠다며 이름을 대라고 하자, 자살하라고 본인의 이름인 '자켄 하이가르'를 댄다.

721 그것은 (나에게) 지혜를 주지 않았다.
심슨가족 15-10 호머　**Hint** wisdom

　　누가　　　　한다　　　　한다　　　(누구에게)　　무엇을

장면 왜 앵무새 죽이기란 책에 앵무새 죽이는 법은 안 나와 있는 거지? (8시간에 끝내는 기초영어 미드천사: 왕초보패턴 p.117 참고)

722 그 최고의 선생님들은 (너에게) 그 정답들을 주지 않는다.
글리 1-12 윌　**Hint** teacher, answer

　　　　　　　　　　　　　　　　　　　한다　　　한다
_____　_____　_____
(　　　　　)　_____　_____

장면 그 선생님들은 방향만 가리키고 알아서 찾아가게 하지. 내가 돕지 않아도 너희끼리 잘할 수 있어.

익힌 단어

answer [ǽnsər]	대답
give [giv]	주다
name [neim]	이름
way [wei]	방식, 길

익힐 단어

power [páuər]	힘
wisdom [wízdəm]	지혜
heart [ha:rt]	마음, 심장
long [lɔ:ŋ]	긴
own [oun]	소유의

참고: 4시간에 끝내는 영화영작:기본패턴 15단원

723 (나에게) 한 아이디어를 주지 마라.   Don't give me an idea.

724 그것은 (너에게) 한 길을 준다.   It gives you a way.

725 한 소녀는 (한 남자에게) 한 이름을 준다.   A girl gives a man a name.

726 엄마는 (나에게) 힘을 주지 않는다.   Mom doesn't give me power.

727 그들은 (너에게) 그 정답들을 주지 않는다.   They don't give you the answers.

728 그녀는 (너에게) 그녀의 마음을 주었다.   She gave you her heart.

729 그것은 (나에게) 지혜를 주지 않았다.   It didn't give me wisdom.

정답 1 It gives you a long way **to fall**.
2 A girl gives a man his own name.
3 It didn't give me wisdom. (원문 It gave me absolutely no insight)
4 The best teachers don't give you the answers.

반복 1회 ☐
횟수 2회 ☐
3회 ☐
4회 ☐

I told (you) an idea.
누가   한다   (누구에게)   무엇을
내가 말했다   (너에게)   한 좋은 생각을

'한다'에 give가 아닌 다른 동사들도 넣어서 연습한다. 모든 동사를 '누가-한다-(누구에게)-무엇을'구조로 쓸 수 있는 것은 아니고, '주는 의미'를 가진 몇몇 동사(get, tell, buy, teach, send, show, bring 등)만 가능하다.

---

730 너는 (나에게) 그 진실을 말했다.
엑스파일 7-2 멀더   **Hint** truth

누가   한다   (누구에게)
무엇을   무엇을

장면 뇌사에서 깨어난 멀더가 스컬리에게. 끔찍했던 꿈속에서조차 스컬리만은 똑같았다고.

731 나는 (너에게) 그 빵을 사줬다.
빅뱅이론 7-23 버나뎃   **Hint** bread, bought

누가   한다   (누구에게)
무엇을   무엇을

장면 그리고는 내가 먹어버렸어. 하워드와의 부부싸움에서.

732 너는 (너 자신에게) 한 물고기 과자를 생기게 했다.
로스트 3-1 탐   **Hint** cookie, yourself

누가   한다   (누구에게)
무엇을   무엇을   cookie.

장면 감옥 안에서 기계 장치를 움직여서.
문법 '누가'와 '무엇을'이 같은 대상인 경우 '무엇을'에 '-self'를 붙인 말을 쓴다. myself, yourself, herself, himself, itself, themselves, ourselves

733 그는 (나에게) 그 영어철자를 가르쳤다.
글리 2-7 브리트니   **Hint** alphabet

_____ _____ _____

_____ _____

장면 학생들이 선생님인 윌에게 감사하는 내용 중에서.

익힌 단어

truth [tru:θ] 진실
bought [bɔ:t] 사줬다(buy의 과거 형태)
idea [aidíːə] 좋은 생각
got [gɑt] 생기게 했다(get의 과거 형태)

익힐 단어

job [dʒab] 직업
fish [fiʃ] 물고기
picture [píktʃər] 그림
sent [sent] 보냈다(send의 과거 형태)
told [tould] 말했다(tell의 과거 형태)
taught [tɔ:t] 가르쳤다(teach의 과거 형태)
alphabet [ǽlfəbèt] 영어철자(알파벳)
myself [maisélf] 나 자신을

참고: 4시간에 끝내는 영화영작:기본패턴 15단원

734 나는 (너에게) 한 아이디어를 말했다. I told you an idea.

735 너는 (나에게) 그 진실을 말했다. You told me the truth.

736 나는 (너에게) 그 빵을 사줬다. I bought you the bread.

737 너는 (너 자신에게) 한 물고기를 생기게 했다. You got yourself a fish.

738 그녀는 (나에게) 그 영어철자를 가르쳤다. She taught me the alphabet.

739 나는 (나 자신에게) 그 직업을 생기게 했다. I got myself the job.

740 그들은 (나에게) 한 그림을 보냈다. They sent me a picture.

정답 1 You told me the truth.
      2 I bought you the bread. (원문 I bought you a brownie.)
      3 You got yourself a fish cookie.
      4 He taught me the alphabet.

반복 1회 ☐
횟수 2회 ☐
     3회 ☐
     4회 ☐

글리

44분

고등학생들의 합창 동아리에서 일어나는 사랑 이야기. 각각의 이야기에 맞는 가사, 새롭게 편곡된 멋진 노래들.

레이첼 랭킹 1위 여자 주인공
특이한 패션에 특이한 행동을 일삼는 왕따. 셀린 디옹급(마치 한국의 이선희 씨)의 시원하게 터지는 고음. 세련된 기교와 충만한 감성. 남자주인공과 현실에서도 사귐.

아티 교회 오빠 느낌

티나 한국계 배우

핀 남자 주인공
럭비팀과 합창팀 양쪽에 활동. 우유부단하고 폭력을 싫어함. 2013년 사망

메르세데스 랭킹 2위
소울이 흘러넘치고 리듬감 좋음. 풍부한 성량과 음역대. k팝스타에 나왔으면 누가 봐도 1등감.

퀸 핀의 전 여친

커트 랭킹 3위
게이. 예술대학에 한 명쯤 꼭 있는 여자 같은 남자. 섬세하고 정확한 음의 처리.

수 치어리더 선생

윌 합창부 선생
멋진 목소리, 춤을 잘 춤. 학생 시절 합창부의 행복한 느낌을 잊지 못해 합창부를 시작. 치어리더 선생(수)과 갈등이 깊음. 엠마와 애매한 관계.

엠마 상담사 선생

테리 윌의 아내

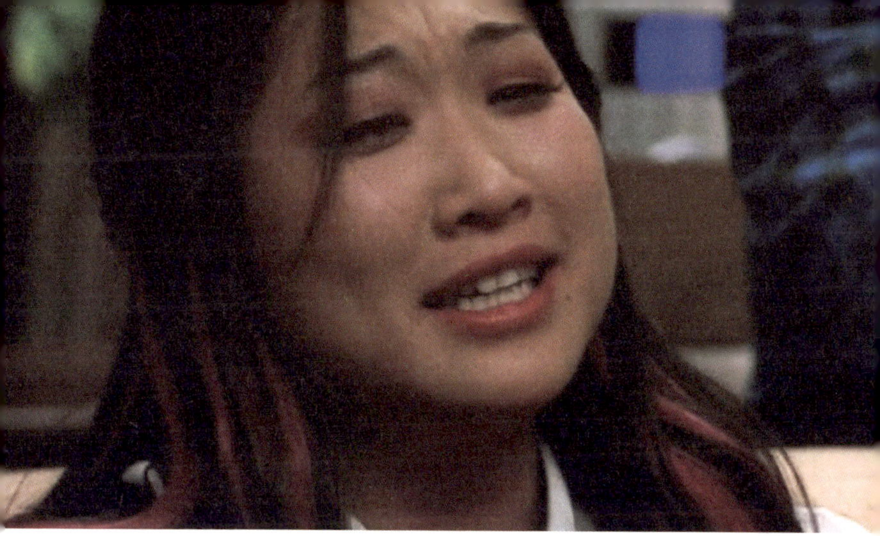

| 10 Ranking | 5% man | 95% woman |  10 age |  20 age |  30 age | 40 age |  |

장르	6시즌 (121편, 완결)	추천 에피소드	추천 미드	난이도
뮤지컬, 코미디	2009~2015	5-3, 6-13, 1-22, 6-12	엠파이어	★★★

학교 예산문제로 지역 본선 2위에 들지 못하면, 윌은 뉴디렉션(합창 동아리)을 해체해야 합니다. 문제는 윌과 합창부를 증오하는 수(치어리더 선생)가 심사위원을 맡게 됩니다. 그 사실을 알게 된 합창부는 더 이상 연습할 의욕이 없습니다. 티나는 울면서 말합니다. 합창부를 하기 전에 페이스북 친구는 두 명이었는데, 그 둘은 부모님이었다고. 특별한 일을 하다 보니 자신이 특별해졌다고 합니다: It made me special.

　다시 만났을 때, 윌은 지역 본선에서 떨어질지라도 준비하는 순간과 공연하는 순간을 즐기자고 합니다. 그렇게 대회에 나가 멋지게 노래하고 내려옵니다.

　그런데 심사장에 모인 유명인들은 다른 심사위원인 수를 무시합니다. '가난하고 재능은 없지만 열심히 노력할 뿐인 학생들이 수와 닮았다'라고, 또, '수는 유명인도 아닌데 왜 심사위원이 됐는지 모르겠다'라고 합니다. 화가 난 수는 자신 학교의 합창부(뉴디렉션)를 1위로 심사합니다. 하지만 총 합 점수는 3등으로 본선에서 떨어집니다.

　윌과 합창단은 마지막으로 모여 글리 동아리를 해체하려고 합니다. 하지만 심사에서 자존심이 상한 수 선생이 교장 선생님을 찾아가서 협박합니다. 과거에 수 선생이 위기에 있을 때 교장선생님께 약을 먹이고 불륜현장 사진을 남겨 협박했는데, 그 사진으로 다시한번 교장선생님을 협박해서 글리 동아리에게 1년의 기회를 줍니다.

I make a wedding.
누가 / 한다 / 무엇을
내가 만든다 한 결혼식을

'누가-한다-무엇을-(어떻게)' 구조를 익히기 위해 '(어떻게)'가 빠진 문장을 먼저 익혀본다.

741 그것은 나를 만든다.
글리 1-22 티나 **Hint** make

___누가___ ___한다___ ___무엇을___

장면 일주일 뒤 글리를 해체시켜야 될 지도 모르는 상황에서 그동안의 감사의 마음을 전하며.

742 너의 일은 나를 만든다.
프렌즈 5-14 챈들러 **Hint** make, work

___누가___ ___누가___ ___한다___ ___무엇을___

장면 과거에 미니머핀을 받아서 기분 좋았던 로스가 벌거숭이 아파트를 얻기 위해 미니머핀 바구니를 갖다 줬는데 이미 다른 사람들은 로스보다 훨씬 좋은 선물을 갖다 줬을 때.

743 그것은 우리를 만든다.
글리 2-17 홀리 **Hint** us

___누가___ ___한다___ ___무엇을___

장면 우리보다 부자이고 멋진 사람들은 상대적으로 우리가 끔찍하다고 느껴지게 만들지.

744 특별한 어떤 것은 너를 만든다.
글리 1-1 레이첼 **Hint** special, something

_____

장면 그러니 저와 호흡을 맞출 수 있는 특별한 남자 보컬을 구해주세요.
문법 something은 some(한정사)과 thing(명사)이 붙어 있는 것으로 special(형용사)이 사이에 들어갈 수 없으므로 something 뒤에 붙는다.

익힌 단어

work [wəːrk] 일
make [meik] 만든다
happy [hǽpi] 행복한
something [sʌmθiŋ] 어떤 것

익힐 단어

wedding [wédiŋ] 결혼식
somebody [sʌmbádi] 어떤 사람
door [dɔːr] 문
music [mjúːzik] 음악
special [spéʃəl] 특별한

참고: 4시간에 끝내는 영화영작:기본패턴 15단원

745 나는 한 결혼식을 만든다.   I make a wedding.

746 그것은 나를 만든다.   It makes me.

747 너의 일은 나를 만든다.   Your work makes me.

748 음악은 우리를 만든다.   Music makes us.

749 특별한 어떤 것은 너를 만든다.   Something special makes you.

750 행복한 어떤 사람은 너를 만든다.   Somebody happy makes you.

751 그들은 한 문을 만든다.   They make a door.

정답
1 It makes me.
2 Your work makes me.
3 It makes us.
4 Something special makes you.

반복 1회 ☐
횟수 2회 ☐
3회 ☐
4회 ☐

I make a wedding (perfect).

누가   한다   무엇을   (어떻게)
내가   만든다   한 결혼식을   (완벽하게)

'누가-한다-무엇을-(어떻게)'구조는 '한다'가 '무엇을'을 '어떻게' 변화시키는지 궁금한 의미의 '한다'에서 쓰이며, 그렇게 쓸 수 있는 '한다(=동사)'는 정해져 있다(make, find, get, call, believe, keep 등). 여기서는 make만 익힌다.

---

752 그것은 나를 (특별하게) 만들었다.
글리 1-22 티나   Hint special

___누가___   ___한다___   ___무엇을___   (___어떻게___)

장면 일주일 뒤 글리를 해체시켜야될 지도 모르는 상황에서 그동안의 감사의 마음을 전하며.

753 너의 일은 나를 (슬프게) 만든다.
프렌즈 5-14 챈들러   Hint sad, work

___누가___   ___누가___   ___한다___   ___무엇을___   (___어떻게___)

장면 과거에 미니머핀을 받아서 기분 좋았던 로스가 벌거숭이 아파트를 얻기 위해 미니머핀 바구니를 갖다 줬는데 이미 다른 사람들은 로스보다 훨씬 좋은 선물을 갖다 줬을 때.

754 그것은 우리를 (끔찍하게) 만든다.
글리 2-17 홀리   Hint terrible

___누가___   ___한다___   ___무엇을___   (___어떻게___)

장면 우리보다 부자이고 멋진 사람들은 상대적으로 우리가 끔찍하다고 느껴지게 만들지.

755 특별한 어떤 것은 너를 (특별하게) 만든다.
글리 1-1 레이첼   Hint special

장면 그러니 저와 호흡을 맞출 수 있는 특별한 남자 보컬을 구해주세요.
문법 something은 some(한정사)과 thing(명사)가 붙어 있는 것으로 special(형용사)가 사이에 들어갈 수 없으므로 something 뒤에 붙는다.

익힌 단어		익힐 단어	
sad [sæd]	슬픈	**perfect** [pə́ːrfikt]	완벽한
wedding [wédiŋ]	결혼식	**special** [spéʃəl]	특별한
door [dɔːr]	문	**open** [óupən]	열린, 열다
something [sʌ́mθiŋ]	어떤 것	**better** [bétər]	더 좋은
somebody [sʌ́mbádi]	어떤 사람	**terrible** [térəbl]	끔찍한
		work [wəːrk]	일, 작품

참고: 4시간에 끝내는 영화영작:기본패턴 15단원

756 나는 한 결혼식을 (완벽하게) 만든다. I make a wedding perfect.

757 그것은 나를 (특별하게) 만든다. It makes me special.

758 너의 일은 나를 (슬프게) 만든다. Your work makes me sad.

759 그것은 우리를 (끔찍하게) 만든다. It makes us terrible.

760 그들은 한 문을 (열리게) 만든다. They make a door open.

761 특별한 어떤 것은 너를 (특별하게) 만든다. Something special makes you special.

762 행복한 어떤 사람은 너를 (행복하게) 만든다. Somebody happy makes you happy.

정답 1 It made me special.
  2 Your work makes me sad.
  3 It makes us terrible.
  4 Something special makes you special.

반복 1회 ☐
횟수 2회 ☐
3회 ☐
4회 ☐

8시간에 끝내는 기초영어 미드천사: 기초회화 패턴 101

I make him (help).

누가 · 한다 · 무엇을 · (어떻게)
내가 · 만든다 · 그를 · (돕게)

'누가-한다-무엇을-(어떻게)'구조는 '한다'가 시키는 의미일 때 특히 많이 쓰며, 그중에서도 'have, let, make' 뒤의 '(어떻게)'에 '한다(=동사)'를 쓸 때는 '한다'의 앞에 to나 뒤에 ed, ing가 붙은 게 아닌 사전에 실린 형태(원형)를 쓴다.

---

763 그가 (죽게) 만들어라.
왕좌의 게임 3-2 캐틀린 **Hint** die

_____한다_____ _____무엇을_____ (_____어떻게_____)

장면 서자(존 스노우)를 봤을 때 그렇게 신께 기도했어요. 그러고는 내가 세상에서 가장 나쁜 여자라는 것을 깨달았어요.

764 나는 모든 나의 남자들을 (기다리게) 만든다.
위기의 주부들 3-18 에디 **Hint** wait

_____누가_____ _____한다_____
_____무엇을_____ _____무엇을_____ _____무엇을_____ (_____어떻게_____)

장면 남자들은 점령하기 쉬운 상대를 존중하지 않으니까.
문법 all은 특이하게 한정사(my)와 명사(men)사이에 쓰지 않고 한정사(my) 앞에 쓴다.

765 우리를 (따라잡게) 허락해라.
가십걸 1-1 척 **Hint** catch

_____한다+무엇을_____ (_____어떻게_____ _____어떻게_____)

장면 그동안 못 나간 진도 말이야.
문법 Let's의 's는 us를 줄인 말.

766 (우리팀을 보여주게) 우리를 허락해라.
모던패밀리 1-20 필 **Hint** show, team

_____한다+무엇을_____ (_____ _____ _____)

장면 농구 시합 전에 팀의 사기를 올리기 위해.

익**힌** 단어

make [meik] 만들다
have [hǽv] 가지다
die [dai] 죽다
go [gou] 가다

익**힐** 단어

wait [weit] 기다리다
catch [kætʃ] 잡다
catch up [kætʃ ʌp] 따라잡다
help [help] 돕다
let [let] 허락하다
show [ʃou] 보여주다
team [ti:m] 팀

참고: 4시간에 끝내는 영화영작:기본패턴 15단원

767 나는 그가 (돕게) 만든다.   I make him help.

768 그가 (죽게) 만들어라   Make him die.

769 엄마는 그가 (죽게) 만든다.   Mom makes him die.

770 나는 나의 남자들을 (기다리게) 만든다.   I make my men wait.

771 우리를 (따라잡게) 허락해라.   Let's catch up.

772 (우리 팀을 보여주게) 우리를 허락해라.   Let's show our team.

773 나는 그가 (가는 것을) 가지게 한다.   I have him go.

정답 1 Make him die.
2 I make all my men wait.
3 Let's catch up.
4 Let's show our team. (원문 Let's show these guys our team.)

반복 1회 ☐
횟수 2회 ☐
3회 ☐
4회 ☐

They will make him (die).

누가   한다   무엇을   (어떻게)
그들이   만들 것이다   그를   (죽게)

앞에서 배운 것을 바탕으로 '누가-한다-(누구에게)-무엇을'과 '누가-한다-무엇을-(어떻게)' 구조를 섞어서 연습한다.

774 이 차가 (움직이게) 만들어라.
로스트 3-10 헐리   **Hint** move

____한다____ ____무엇을____ ____무엇을____ (____어떻게____)

장면 무인도에서 고장 난 미니 봉고차를 발견하고 찰리에게.

775 음악은 우리들을 (춤추게) 만든다.
글리 3-1 브리트니   **Hint** music, dance

____누가____ ____한다____ ____무엇을____ (____어떻게____)

장면 글리클럽 지원자를 모집하기 위한 카페에서의 공연 중 노래 'We Got the Beat the Go-Go's'에서.

776 나는 당연히 (그에게) **진짜** 체스를 가르칠 것이다.
모던패밀리 1-19 제이   **Hint** be going to, chess

누가+상태모습 ____어떤____ ____무엇을____ ____무엇을____ (누구에게)

real ____무엇을____

장면 매니보다 한참 떨어지는 실력임에도 매니에게 체스를 가르쳐주겠다며.

777 나는 너를 ([사랑 안에] 떨어지게) 허락할 것이다.
글리 1-8 수   **Hint** will, fall

_____ _____ _____ _____

[_____ _____]

장면 동물 보호소에서 구해온 고양이한테.

익힌 단어

move [muːv] 움직이다
show [ʃou] 보여주다
wait [weit] 기다리다
teach [tiːtʃ] 가르치다
all [ɔːl] 모든
die [dai] 죽다
will [wíl] ~할 것이다
be going to [bi góuiŋ tu] (당연히) ~할 것이다

익힐 단어

dance [dæns] 춤추다
chess [tʃes] 체스
fall [fɔːl] 떨어지다

참고: 4시간에 끝내는 영화영작:기본패턴 15단원

778 이 차가 (움직이게) 만들어라.　　　　　　　　　　　Make this car move.

779 그들은 그를 (죽게) 만들 것이다.　　　　　　　　　They will make him die.

780 나는 모든 나의 남자들을 (기다리게) 만든다.　　　I make all my men wait.

781 그는 당연히 (나에게) 체스를 가르칠 것이다.　　　He's going to teach me chess.

782 나는 당연히 (그에게) 체스를 가르칠 것이다.　　　I'm going to teach him chess.

783 나는 너를 (떨어지게) 허락한다.　　　　　　　　　　I let you fall.

784 나는 너를 (떨어지게) 허락할 것이다.　　　　　　　I will let you fall.

정답 1 Make this car move.
2 Music makes us dance.
3 I'm gonna teach him **real** chess.
4 I will let you fall in love.

반복 1회 ☐
횟수 2회 ☐
　　 3회 ☐
　　 4회 ☐

모던패밀리

7 33분

개성 강한 구성원들이 모인 3가족.
20분간 각 가족의 이야기가 따로, 혹은 함께 일어나는 3가지 사건과 반전.

클레어
본인

마음먹으면 끝까지 해내는 억척스러운 주부. 사소한 일에 목숨 걸어서 주변 피곤하게 만듦.

가족 1

필
남편

부동산업자. 친구 같은 아빠를 꿈꾼다. 착하지만 덜 떨어짐. 황당한 생각을 현실에 옮기는 4차원. 존재감 가장 높음.

헤일리
백치미 첫째

알렉스
공부벌레 둘째

루크
이상한 막내

가족 2

미첼
게이 동생

캠
게이 올케?
느끼할 정도로 여성스러움. 고집과 아집의 아이콘.

가족 3

제이
마초 아빠

글로리아
다혈질 새엄마

매니
애어른

조
배다른 늦둥이

릴리
입양아

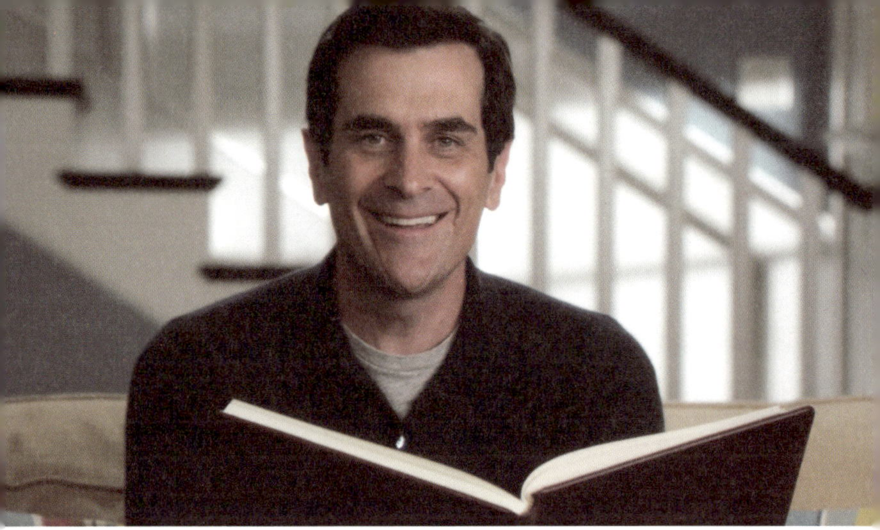

3
Ranking

32% man
68% woman

장르	6시즌 (144편)	추천 에피소드	추천 미드	난이도
드라마, 코미디	2009~	6-16, 5-18, 2-13, 6-24	오피스	★★★★

말썽만 피우던 헤일리가 운 좋게 대학교에 입학합니다. 대학교는 멀리 떨어져 있어서 학교 기숙사로 들어가야 합니다. 헤일리를 보내기 전날 온 가족이 함께 모인 축하파티에서, 필은 일어나 건배하자며 축하연설을 합니다. 연설에서 인용구로 말을 꺼내는데, 미국의 전 대통령이자 흑인인(백인이 맞음) 조지 제퍼슨이 한 말로(토마스 제퍼슨이 맞음) 자기 딸이 대학에 갈 줄 몰랐다며 허튼소리를 합니다. 모두가 뭔가 이상하다고 생각하지만 분위기상 끼어들지는 못합니다.

다음날 기숙사에 도착해 헤일리의 짐 정리를 도와줍니다. 필이 잠깐 나갔다가 돌아와서 뒷모습만 보고 클레어에게 장난친다고 엉덩이를 꼬집지만, 클레어가 아니라 헤일리의 룸메이트였습니다. 그때 헤일리가 들어오지만, 설상가상으로 침대 시트는 유아용으로 덮여있고, 실수로 가방 안에 있는 콘돔(클레어가 사서 넣음)을 떨어뜨립니다.

필은 헤일리에게 자신이 살면서 얻은 교훈을 정리한 책을 선물합니다. 이 책의 말들은 아까 나왔던 조지 제퍼슨의 말(?)처럼 황당한데, 다른 인용구를 이상하게 변형한 느낌입니다. '성공은 1%의 영감, 98%의 노력, 2%의 섬세함으로 만들어진다(총합이 100%를 넘음)', '하루에 적어도 한번은 일출을 봐야 한다(일출은 하루 한 번뿐)', '삶이 레몬 주스를 주면 레몬으로 만들어라 When life gives you lemonade, make lemons'.

I love you (because you love me).
누가 한다 무엇을   왜냐하면   누가   한다   무엇을
내가 사랑한다 너를   (왜냐하면   너는 사랑하기 때문이다 나를)

because는 '이유'를 말하고 싶을 때 쓴다. 말할 때의 느낌은 '왜냐하면 ~(하기 때문이다)' 이다. 괄호 안의 문장(because you love me)은 괄호치지 않은 문장(I love you)에 포함된 것이다. (더 정확한 해석과 사용법은 무료강의나 '4시간에 끝내는 영화영작'을 참고)

---

785 나는 너를 그리워한다/
(왜냐하면 네가 나의 최고의 친구이기 때문에).
글리 4-8 커트   **Hint** best

| 누가 | 한다 | 무엇을 |
| 왜냐하면 | 누가+상태모습 | 어떤 | 어떤 | 어떤 |

장면 내가 너한테 화났을지라도.

786 나는 모든 것이(된)다/
(왜냐하면 너는 나를 사랑했기 때문에).
글리 3-20 티나   **Hint** everything

| 누가+상태모습 | 어떤 |
| 왜냐하면 | 누가 | 한다 | 무엇을 |

장면 티나가 레이첼이 됐을 때. 의역하면 '나는 온전한 내가 되었다 (왜냐하면 너는 나를 사랑했기 때문에)'.

787 나는 운다/
(왜냐하면 다른 사람들이 멍청하기 때문에).
빅뱅이론 3-10 쉘든   **Hint** stupid

| 누가 | 한다 |
| 왜냐하면 | 누가 | 상태모습 | 어떤 |

장면 페니가 물리학을 아무리 배워도 이해하지 못하고 울 때.

788 그들은 단지 질투한다/
(왜냐하면 그들은 한 관계를 가지지 않기 때문에).
빅뱅이론 8-3 쉘든   **Hint** jealous, relationship

| 누가+상태모습 | just | 어떤 |
| 왜냐하면 | 누가 | 한다 | 한다 | a | 무엇을 |

장면 쉘든이 레너드와의 말싸움에서 이겼을 때 에이미가 칭찬한 것을 레너드가 비꼬자.

익힌 단어		익힐 단어	
stupid [stjúːpid]	멍청한	**others** [ʌ́ðərs]	다른 사람들
love [lʌv]	사랑하다	**miss** [mis]	그리워하다, 놓치다
thank [θæŋk]	감사하다	**everything** [évriθiŋ]	모든 것
		cry [krai]	울다
		listen [lísn]	귀 기울이다
		hand [hænd]	손
		cold [kould]	추운
		jealous [ʤéləs]	질투하는

참고: 4시간에 끝내는 영화영작:기본패턴 10단원

789 나는 너를 사랑한다 / 왜냐하면 너는 나를 사랑하기 때문에.
I love you because you love me.

790 나는 너를 그리워한다 / 왜냐하면 너는 나의 최고의 친구이기 때문에.
I miss you because you're my best friend.

791 나는 모든 것이다 / 왜냐하면 너는 나를 사랑했기 때문에.
I'm everything because you loved me.

792 나는 운다 / 왜냐하면 다른 사람들이 멍청하기 때문에.
I cry because others are stupid.

793 그들은 질투한다 / 왜냐하면 그들은 한 관계를 가지지 않기 때문에.
They're jealous because they don't have a relationship.

794 나는 그에게 감사했다 / 왜냐하면 그는 [나에게] 귀 기울였기 때문에.
I thanked him because he listened to me.

795 나는 미안했다 / 왜냐하면 그의 손들이 차가웠기 때문에.
I was sorry because his hands were cold.

정답 1 I miss you because you're my best friend.
2 I'm everything because you loved me.
3 I cry because others are stupid.
4 They're just jealous because they don't have a relationship.

반복 1회 ☐
횟수 2회 ☐
3회 ☐
4회 ☐

(When I see you), I am happy.

언제냐면　　누가　한다　무엇을,　누가　상태모습이다　어떤
(언제냐면　내가 볼 때이다　너를),　나는 상태모습이다　행복한

when은 '그 일이 발생한 때'를 말할 때 쓴다. 말할 때의 느낌은 '언제냐면 (~할 때이다)'로 해석한다. 괄호친 문장(종속절, when I see you)을 원래의 문장(주절, I'm happy.)의 앞에 쓸 때는 종속절 뒤에 콤마(,)를 찍고 잠시 쉬어서 문장의 시작(I'm ~)을 알 수 있게 한다.

796 (언제냐면 네가 '그 왕좌의 게임'을 할 때이다), 너는 이긴다 또는 너는 죽는다.
왕좌의 게임 1-7 세르세이　**Hint** game, win, die

___언제냐면___ ___누가___ ___한다___ ___무엇을___ ___무엇을___
of thrones, ___누가___ ___한다___ or ___누가___ ___한다___

장면 왕좌를 차지할 수 있었는데도 차지 하지 않았기 때문에 (에다드에게).

797 (언제냐면 네가 한 퍼즐을 할 때이다), 너는 천명의 친구들이 생긴다.
빅뱅이론 7-3 에이미　**Hint** thousand, puzzle

___언제냐면___ ___누가___ ___한다___ ___무엇을___ ___무엇을___ ,
___누가___ ___한다___ ___무엇을___ ___무엇을___ ___무엇을___

장면 하워드와 팀이 되어 퍼즐을 풀 때.

798 (언제냐면 내가 [그와] 깨졌을 때이다), 나는 [그의 눈들 안에서] 어떤 것을 봤다.
위기의 주부들 2-9 브리　**Hint** saw, broke up

___언제냐면___ ___누가___ ___한다___ up [_____ _____],
___누가___ ___한다___ ___무엇을___ [in _____]

장면 그것은 증오 같은 것이었는데, 치료 가능할 줄 알았어요.

799 (언제냐면 네가 [신에게] 말할 때이다), 그것은 기도이다.
엑스파일 5-17 멀더　**Hint** talk, prayer

___언제냐면___ ___누가___ ___한다___ [_____],
___누가+상태모습___ ___어떤___

장면 하지만 신께서 너에게 말하기 시작한다면 너는 정신분열증이다.

익힌 단어

saw [sɔː] 봤다
happy [hǽpi] 행복한
play [plei] 놀다
God [gad] 신
broke [brouk] 깨졌다(break의 과거)
break up with [breik ʌp wið] ~와 (관계가) 깨지다
TV [tíːvíː] 텔레비전
tired [taiərd] 피곤해진

익힐 단어

eye [ai] 눈
game [geim] 게임
puzzle [pʌzl] 퍼즐
prayer [prɛər] 기도
busy [bízi] 바쁜
watch [watʃ] (눈으로 좇아가며) 보다
talk [tɔːk] 말하다
ask [æsk] 묻다

참고: 4시간에 끝내는 영화영작:기본패턴 10단원

800 언제냐면 내가 너를 볼 때이다,
나는 행복하다.

When I see you,
I'm happy.

801 언제냐면 네가 그 게임을 할 때이다,
너는 죽는다.

When you play the game,
you die.

802 언제냐면 네가 한 퍼즐을 할 때이다,
너는 천 명의 친구들이 생긴다.

When you do a puzzle,
you get a thousand friends.

803 언제냐면 내가 그와 깨졌을 때이다,
나는 [그의 눈들에서] 어떤 것을 봤다.

When I broke up with him,
I saw something in his eyes.

804 언제냐면 네가 [신에게] 말할 때이다,
그것은 기도이다.

When you talk to God,
it's a prayer.

805 언제냐면 내가 그에게 물었을 때였다,
그의 얼굴은 피곤했다.

When I asked him,
his face was tired.

806 언제냐면 그녀가 TV를 볼 때였다,
그녀는 바빠 보였다.

When she watched TV,
she looked busy.

정답 1 When you play the game of thrones, you win or you die.
2 When you do a puzzle, you get a thousand friends.
3 When I broke up with him, I saw something in his eyes.
4 When you talk to God, it's prayer.

반복 1회 ☐
횟수 2회 ☐
3회 ☐
4회 ☐

(If you call me), I will kill you.
만약 누가 한다 무엇을, 누가 한다 무엇을
(만약 네가 전화한다면 나를), 나는 죽일 것이다 너를

if는 '상황을 가정할 때' 쓴다. 말할 때의 느낌은 '만약 (~한다면)'으로 해석한다. (더 정확한 해석과 사용법은 '4시간에 끝내는 영화영작:기본패턴 20단원'을 참고)

---

807 (만약 우리가 [이번 삶 안에서] 고통 겪는다면), 우리는 [다음 삶 안에서] 보상받는다.
빅뱅이론 2-23 라지 Hint suffer, reward, next

가정하면 ____누가____ ____한다____ [in _____],
누가+상태모습 ____어떤____ [_____]

장면 내가 쉘든이랑 북극에서 3달간 살며 고통받는다면, 날개 달린 백만장자로 다시 태어날 거야.

808 (만약 네가 평화를 원한다면), [전쟁을 위해] 항상 준비되어라.
가십걸 4-6 나레이션 Hint peace, ready, war

가정하면 ____누가____ ____한다____ ____무엇을____, always
상태모습 ____어떤____ [_____]

장면 가장 위험한 것은 우리가 적인 줄 몰랐던 상대가 적일 때이니까.

809 (네가 [잘못된 그 신에게] 기도한다면), 너는 그 옳은 신을 [미치게] 만들지도 모른다.
심슨가족 4-3 호머 Hint might, mad

가정하면 ____누가____ ____한다____ [to the _____ _____],
____누가____ ____한다____ ____한다____ the right god [__어떻게__]

장면 그러니까 난 교회에 안 가고 잘 거야.

810 (만약 네가 나를 [여동생이라고] 또 부른다면), 나는 [너의 잠 안에서(자는 중일 때)] 너를 죽일 것이다.
왕좌의 게임 3-8 세르세이 Hint sister, sleep, kill

가정하면 ____누가____ ____한다____ ____무엇을____ [__어떻게__] again
____누가____ ____한다____ ____한다____ ____무엇을____ [_____]

장면 공주가 왕자와 결혼하고 세르세이(왕비)와 친해지고 싶어서 우리는 자매같은 사이라고 했다가.

익힌 단어		익힐 단어	
life [laif]	삶, 생명	**suffer** [sʌfər]	고통을 겪다
call [kɔːl]	부르다, 전화하다	**hit** [hit]	치다
angry [ǽŋgri]	화난	**ready** [rédi]	준비된
war [wɔːr]	전쟁	**mad** [mæd]	미친
right [rait]	옳은	**sister** [sístər]	여동생
wrong [rɔ́ːŋ]	틀린	**keep** [kiːp]	유지하다
this [ðis]	이, 이것	**peace** [piːs]	평화
next [nekst]	다음	**anybody** [énibádi]	누구든

참고: 4시간에 끝내는 영화영작:기본패턴 20단원

811 만약 네가 나를 친다면,   If you hit me,
나는 화날 것이다.   I will be angry.

812 만약 우리가 [이번 삶에서] 고통받는다면   If we suffer in this life,
우리는 [다음 삶에서] 보상 받는다.   we're rewarded in next life.

813 만약 네가 평화를 원한다면,   If you want peace,
[전쟁을 위해] 준비되어라.   be ready for war.

814 만약 네가 평화를 유지한다면,   If you keep peace,
누구든 너를 좋아할 것이다.   anybody will like you.

815 만약 네가 [그 잘못된 신에게] 기도한다면,   If you pray to the wrong god,
너는 그 옳은 신을 미치게 만들지도 모른다.   you might make the right god mad.

816 네가 나를 부른다면,   If you call me,
나는 너를 죽일 것이다.   I will kill you.

817 만약 네가 나를 여동생이라고 부른다면,   If you call me sister,
나는 [너의 잠 안에서] 너를 죽일 것이다.   I will kill you in your sleep.

정답 1 If we suffer in this life, we're rewarded in next life.
   2 If you want peace, always be ready for war.
   3 If you pray to the wrong god, you might make the right god mad.
   4 If you call me sister again, I will kill you in your sleep.

반복 1회 ☐
횟수 2회 ☐
    3회 ☐
    4회 ☐

위기의 주부들

문제 있는 미국 아줌마들의 이야기. 이보다 더 자극적일 수는 없다!

브리
완벽주의자

완벽주의, 결벽증, 고집불통, 가정일에 능통. 동성애자인 아들(다니엘)을 수백 마일 떨어진 곳에 버리고 오고, 바람 핀 남편 렉스는 사망. 이상한 남자가 자꾸 꼬임.

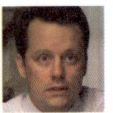

렉스
바람핀 남편

올슨
의문의 새남편

가브리엘
물질 만능주의

잘 나가던 패션모델, 다혈질, 이기주의자. 카를로스와 끊임없이 싸웠다 화해했다를 반복. 정원사와 바람을 피움. 아이를 갖기 싫어서 남편 몰래 피임약을 먹음.

카를로스
다혈질 갑부

가브리엘과 애증의 관계. 말보다 주먹이 먼저 나가는 다혈질. 바람을 잘 피움. 회삿돈을 횡령.

르넷
가장 평범

네 아이의 당찬 엄마. 광고회사 근무. 남편보다 능력이 좋음. 암 투병을 하기도.

탐
평범함

르넷의 남편. 실수로 생긴 딸과 주기적으로 만남. 가정에서 살림 중.

마이크
이웃집 배관공

수잔
아가씨 같음

감성 충만, 우유부단, 미성숙. 별거 중인 전남편. 이 지역 주민 중엔 가난한 편. 마이크를 좋아함.

이디
독신 헤픈녀

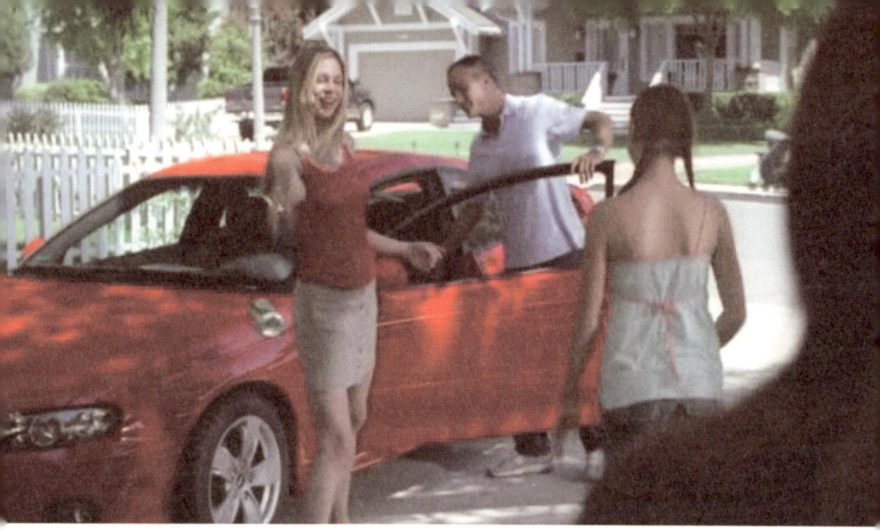

장르	8시즌 (180편, 완결)	추천 에피소드	추천 미드	난이도
드라마	2004~2012	3-7, 4-9, 5-13, 8-23	섹스 앤 더 시티	★★★

당신의 결혼(혹은 연애) 생활은 행복한가요?

    수잔은 과거에 남편이 바람 펴서 이혼했습니다. 전 남편에게 아직도 배신감을 갖고 있습니다. 전남편은 애인과 함께 정기적으로 딸을 보러 옵니다. 애인이 수잔이 보는 앞에서 음료수 캔을 정원 아무 데나 던져놓자, 화난 수잔은 쓰레기통에 버리라고 합니다. 전남편은 수잔보고 버리라고 하지만 버리지 않습니다. 그래서 전남편이 버리러 가는데, 그 순간 수잔은 캔을 발로 찹니다. 수잔의 태도에 화난 전남편은 버리지 않고 가는데, 수잔은 다시 한 번 캔을 발로 차는데 이번엔 마이크(수잔이 좋아함) 앞으로 갑니다.

    수잔은 화해하려고 전남편에게 연락합니다. 수잔은 목욕 수건만 걸치고 있었지만, 전남편은 12년 동안 다 봤으니 괜찮다며, 집에 들어가서 대화합니다. 수잔은 과거에 바람 펴서 이혼한 일에 대해서 사과를 원한다고 하니, 전남편은 마음 가는 대로 행동했을 뿐 잘못이 없다고 합니다. 그러자 수잔도 지금 당신을 혼내주고 싶지만 나도 마음가는 대로 해야겠냐고 말합니다: My heart wants to hurt you but I can control myself. 화가 나서 전남편을 쫓아가지만, 열쇠도 없이 현관문이 잠겨 버립니다.

    브리의 저녁파티에 갔다 오는 길에, 마이크는 수잔에게 과거에 수잔이 이혼한 것은 더 좋은 사람을 만나기 위한 연습 과정이었다고 생각하라며 위로합니다.

I want to remember.

누가 한다 무엇을
내가 원한다 기억하는 것을

'누가-한다-무엇을'에서 '무엇을'로 'to +한다'를 쓸 수 있다. '무엇을'로 'to +한다'를 쓸 수 있는 동사(=한다)는 몇 가지로 정해져 있는데 'want'를 가장 많이 쓴다.
'to +한다'에서 '한다'는 사전에 실린 형태(원래 형태)만을 써야 한다.

---

818 나는 사기를 원한다.
위기의 주부들 1-20 가브리엘   **Hint** buy

___누가___ ___한다___ ___무엇을___ ___무엇을___

장면 난 섹시하고 작은 스포츠카가 필요하니까.

819 나는 믿기를 원한다.
엑스파일 1-4 멀더   **Hint** believe

___누가___ ___한다___ ___무엇을___ ___무엇을___

장면 멀더가 최면에 걸렸을 때의 녹음테이프에서. 동생이 언젠가는 돌아올 것이라는 말이 머릿속에서 들리고, 그것을 믿고 싶다며.

820 나는 가기를 원한다.
빅뱅이론 8-8 라지

___누가___ ___한다___ ___무엇을___ ___무엇을___

장면 미국 학생들 졸업식의 분홍 드레스를 본 이후로 졸업 파티에 꼭 가고 싶었어(남자인 라지가).

821 나의 마음은 상처 주기를 원한다.
위기의 주부들 1-3 수잔   **Hint** heart, hurt

_____ _____ _____ _____

장면 하지만 저는 당신과는 달리 저를 통제할 수 있어요(p.114 참고).

익힌 단어

want [wɔ:nt]	원하다
buy [bai]	사다
believe [bilí:v]	믿다
go [gou]	가다
heart [ha:rt]	마음, 심장

익힐 단어

hurt [hə:rt]	아프게 하다, 아프다
stay [stei]	(가만히) 머무르다
remember [rimémbər]	기억하다
forget [fərgét]	잊다

참고: 4시간에 끝내는 영화영작:기본패턴 18단원

822 나는 기억하기를 원한다.   I want to remember.

823 그는 머물기를 원한다.   He wants to stay.

824 나는 사기를 원한다.   I want to buy.

825 나는 믿기를 원한다.   I want to believe.

826 그녀는 잊기를 원한다.   She wants to forget.

827 나는 가기를 원한다.   I want to go.

828 나의 마음은 상처 주기를 원한다.   My heart wants to hurt.

정답 1 I want to buy.
    2 I want to believe.
    3 I want to go. (원문 I've wanted to go to an American prom.)
    4 My heart wants to hurt.

반복 1회 ☐
횟수 2회 ☐
3회 ☐
4회 ☐

I want to remember it.
누가　　　한다　　　　무엇을　　　　　　　　무엇을2
내가　원한다　　기억하는 것을　　　　그것을

'누가-한다-무엇을'에서 '무엇을'에 'to+한다'를 쓰는 경우, 대부분 'to+한다' 뒤에 '무엇을2 (it)'가 또 나온다.

829 나는 한개를 사기를 원한다.
위기의 주부들 1-20 가브리엘　**Hint** buy, one

___누가___　___한다___　___무엇을___　___무엇을___　___무엇을2___

장면 난 섹시하고 작은 스포츠카가 필요하니까.
문법 'one'는 사물을 일컫기도 하고 사람을 일컫기도 한다.

830 나는 그것을 믿기를 원한다.
엑스파일 1-4 멀더　**Hint** believe

___누가___　___한다___　___무엇을___　___무엇을___　___무엇을2___

장면 멀더가 최면에 걸렸을 때의 녹음테이프에서. 동생이 언젠가는 돌아올 것이라는 말이 머릿속에서 들리고, 그것을 믿고 싶다며.

831 나는 [그 파티에] 가기를 원한다.
빅뱅이론 8-8 라지　**Hint** party

___누가___　___한다___　___무엇을___　___무엇을___

_____

장면 미국 학생들 졸업식의 분홍 드레스를 본 이후로 졸업 파티에 꼭 가고 싶었어(남자인 라지가).
문법 to 다음에 명사가 나오면 'to'를 전치사로 쓴 것이고(p.38), to 다음에 동사(한다)가 나오면 'to+한다'를 명사로(혹은 부사로) 쓴 것이다.

832 나의 마음은 너를 상처 주기를 원한다.
위기의 주부들 1-3 수잔　**Hint** heart, hurt

_____　_____　_____　_____　_____　_____

_____

장면 하지만 저는 당신과는 달리 저를 통제할 수 있어요(p.114).

익힌 단어

want [wɔːnt]   원하다
remember [rimémbər]   기억하다
buy [bai]   사다
believe [bilíːv]   믿다
hurt [həːrt]   아프게 하다, 아프다
forget [fərgét]   잊다

익힐 단어

one [wʌn]   한 물건, 한 사람
fact [fækt]   사실
school [skuːl]   학교
party [páːrti]   파티

참고: 4시간에 끝내는 영화영작:기본패턴 18단원

833 나는 그것을 기억하기를 원한다.   I want to remember it.

834 나는 하나를 사기를 원한다.   I want to buy one.

835 나는 그것을 믿기를 원한다.   I want to believe it.

836 나는 [그 파티에] 가기를 원한다.   I want to go to the party.

837 나의 마음은 너를 상처 주기를 원한다.   My heart wants to hurt you.

838 그녀는 그 사실을 잊기를 원한다.   She wants to forget the fact.

839 그는 그 학교 안에서 머물기를 원한다.   He wants to stay in the school.

정답 1 I want to buy one.
     2 I want to believe it.
     3 I want to go to the party. (원문 I've wanted to go to an American prom.)
     4 My heart wants to hurt you.

반복 1회 ☐
횟수 2회 ☐
3회 ☐
4회 ☐

I try to remember it.
누가 한다 무엇을 무엇을2
내가 시도한다 기억하는 것을 그것을

'한다'부분에 'want'가 아닌 다른 동사들(try, need, allow, ask, expect, force, get, hope, wish, plan 등)도 연습해본다.

840 나는 나의 머리를 버티는 것을 시도한다.
위기의 주부들 3-12 브리 **Hint** try, head, hold

누가	한다	무엇을	무엇을
무엇을2	무엇을2		

장면 그리고 웃으며 교회에 열심히 다니는데, 몰몬교인 당신 전처가 옆집으로 이사 오면 어떡해.

841 나는 한 습관을 만드는 것을 시도한다.
글리 2-11 수 **Hint** make, habit

누가	한다	무엇을	무엇을
무엇을2	무엇을2		

장면 당신 같은 부랑자는 건드리지 않는 습관을. 그런데 저 인간용 대포는 아주 좋으니 당신과 계약하겠다.

842 사람들은 그것을 지니는 것을 시도한다.
위기의 주부들 2-21 나레이션 **Hint** keep

누가	한다	무엇을	무엇을
무엇을2			

장면 그리고는 숨긴다. 진실이 드러났을 때 얼마만큼 상처를 줄지 아니까.

843 나는 저것을 아는 것이 필요하다.
위기의 주부들 1-8 브리 **Hint** need

_____ _____ _____ _____

_____

장면 내 아들이 괴물이 아니라는 것을. 아들의 뺑소니 사고를 의심하며.

익힌 단어
- **keep** [kiːp] 유지하다, 지니다
- **kid** [kid] 아이
- **habit** [hǽbit] 습관
- **try** [trai] 시도하다
- **need** [niːd] 필요하다
- **head** [hed] 머리
- **people** [píːpl] 사람들

익힐 단어
- **hold** [hould] 유지하다, 버티다
- **face** [feis] 얼굴
- **protect** [prətékt] 보호하다
- **parents** [pέərənts] 부모님

참고: 4시간에 끝내는 영화영작:기본패턴 18단원

844 나는 그것을 기억하는 것을 시도한다.   I try to remember it.

845 나는 나의 머리를 버티는 것을 시도한다.   I try to hold my head.

846 나는 한 습관을 만드는 것을 시도한다.   I try to make a habit.

847 사람들은 그것을 지니는 것을 시도한다.   People try to keep it.

848 나는 저것을 아는 것이 필요하다.   I need to know that.

849 그는 나의 얼굴을 보는 것이 필요하다.   He needs to see my face.

850 부모님들은 아이들을 보호하는 것이 필요하다.   Parents need to protect kids.

정답
1 I try to hold my head.
2 I try to make a habit.
3 People try to keep it.
4 I need to know that.

반복 1회 □
횟수 2회 □
3회 □
4회 □

I want [you] to understand.
누가 　 한다 　 [누가] 　 무엇을(어떻게)
내가　원한다　　네가　　이해하는 것을

'누가'가 'to+한다'하는 것이 아니라, [다른 사람]이 'to+한다'를 하기를 원한다면, '누가-한다-무엇을'에서 '한다'와 '무엇을' 사이에 [그 다른 사람]을 쓴다.

851 나는 [그녀가] 저것을 아는 것이 필요하다.
모던패밀리 4-12 필 **Hint** need

　누가　　　　한다　　　[　　　　]　무엇을　　무엇을
　무엇을2

장면 지구상의 어떤 남자도 그녀에게는 충분하지 않다는 것을. 딸이 이혼남과 데이트하러 나가는 순간.

852 우리는 [남자들이] 우리를 돕는 것이 필요하다.
글리 4-21 티나 **Hint** help

　누가　　　　한다　　　[　　　　]　무엇을　　무엇을
　무엇을2

장면 우리가 춤추도록.

853 나는 [네가] 이것을 주는 것을 원한다.
로스트 3-21 찰리 **Hint** this

　누가　　　　한다　　　[　　　　]　무엇을　　무엇을
　무엇을2

장면 죽으러 가기 전에 클레어에게 편지를 전해달라며.

854 나는 [네가] (나에게) 모든 것을 말하는 것을 원한다.
로스트 3-16 사이드 **Hint** tell, everything

　누가　　　　한다　　　[　　　　]　무엇을　　무엇을
(　누구에게　)　무엇을2

장면 만약 내가 모든 것을 말했다간 당신이 저를 죽이려 할 것입니다(줄리엣).

익힌 단어

that [ðæt]	저것
this [ðis]	이것
it [it]	그것
men [men]	남자들
tell [tel]	말하다
everything [évriθiŋ]	모든 것
help [help]	돕다

익힐 단어

understand [ʌndərstǽnd]	이해하다
ourselves [áuərsélvz]	우리 자신을

참고: 4시간에 끝내는 영화영작:기본패턴 18단원

855 나는 네가 이해하는 것을 원한다.   I want you to understand.

856 나는 이것을 주는 것을 원한다.   I want to give this.

857 나는 네가 이것을 주는 것을 원한다.   I want you to give this.

858 나는 그녀가 저것을 아는 것이 필요하다.   I need her to know that.

859 우리는 우리를 돕는 것이 필요하다.   We need to help ourselves.

860 우리는 남자들이 우리를 돕는 것이 필요하다.   We need men to help us.

861 나는 네가 (나에게) 모든 것을 말하는 것을 원한다.   I want you to tell me everything.

정답
1 I need her to know that.
2 We need men to help us.
3 I want you to give this.
4 I want you to tell me everything.

반복 1회 ☐
횟수 2회 ☐
　　 3회 ☐
　　 4회 ☐

I don't want to remember it.

누가   한다   무엇을   무엇을2
내가   원하지 않는다   기억하는 것을   그것을

앞에서 배운 문장들을 기본으로 조금 더 어려운 문장을 연습한다.

862 너는 [너의 아이들이] 너를 보는 것을 원하지 않는다.
모던패밀리 1-16 필   **Hint** see, kid

| 누가 | 한다 | 한다 | [   ] |
| 무엇을 | 무엇을 | 무엇을2 | |

장면 네가(아버지) 겁먹은 모습. 집 밑에 뭐가 숨겨져 있는지 보러 들어가다가 쥐에 겁먹었을 때.

863 그녀는 [내가] 쿠키들을 파는 것을 원하지 않았다.
빅뱅이론 7-22 에이미   **Hint** sell, cookie

| 누가 | 한다 | 한다 | [   ] |
| 무엇을 | 무엇을 | 무엇을2 | |

장면 그래서 엄마가 나를 걸스카우트에 못 다니게 했지.

864 나는 네가 [나를 위해] 이것을 [그녀에게] 주는 것을 원한다.
로스트 3-21 찰리   **Hint** this

| 누가 | 한다 | [   ] | 무엇을 | 무엇을 |
| 무엇을2 | [   ] | [   ] | | |

장면 죽으러 가기 전에 클레어에게 편지를 전해달라며.

865 나는 [그 교회를 위해] 나의 머리를 들고 있는 것을 시도한다.
위기의 주부들 3-12 브리   **Hint** head, hold, church

| 누가 | 한다 | 무엇을 | 무엇을 |
| 무엇을2 | 무엇을2 | [   ] | |

장면 그리고 머리를 들고 웃으며 교회에 열심히 다니는데, 몰몬교인 당신 전처가 옆집으로 이사 오면 어떡해.

익힌 단어		익힐 단어	
hold [hould]	유지하다, 버티다	**cookie** [kúki]	쿠키
remember [rimémbər]	기억하다	**church** [tʃəːrtʃ]	교회
kid [kid]	아이		
see [siː]	보(이)다		
sell [sel]	팔다		
try [trai]	시도하다		

참고: 4시간에 끝내는 영화영작:기본패턴 18단원

866 나는 기억하는 것을 원한다.   I want to remember.

867 나는 그것을 기억하는 것을 원하지 않는다.   I don't want to remember it.

868 그는 아이들이 보는 것을 원한다.   He wants kids to see.

869 너는 아이들이 너를 보는 것을 원하지 않는다.   You don't want kids to see you.

870 그녀는 내가 쿠키들을 파는 것을 원하지 않았다.   She didn't want me to sell cookies.

871 나는 네가 이것을 주는 것을 원한다
[그녀에게 나를 위해].   I want you to give this to her for me.

872 나는 나의 머리를 버티고 있는 것을 시도한다.
[그 교회를 위해]   I try to hold my head for the church.

정답 1 You don't want your kids to see you.
      2 She didn't want me to sell cookies.
      3 I want you to give this to her for me (=I want you to give this for me to her).
      4 I try to hold my head for the church.

반복 1회 ☐
횟수 2회 ☐
    3회 ☐
    4회 ☐

심슨가족
33분

블랙 코미디의 진수. 이보다 더 절묘할 수는 없다.
26년 넘게 방영 중인 최장수 어른용 애니메이션.

마지
엄마
가정적임. 설정상 미인. 머리카락에서 다양한 물건이 등장. 술집 주인 모가 좋아함.

리사
여동생
IQ 156, 공부 잘함. 채식주의자. 말과 돌고래를 좋아하는 환경보호가. 밀하우스가 좋아함.

호머
아빠
원자력 발전소 직원. 먹는 것을 좋아하고(특히 도넛), 게으름, 낙천적. 머리가 모자람. 엉뚱한 생각도 일단 실천에 옮기는 편. 인간적인 면 때문에 주변 사람들이 좋아함.

플랜더스
옆집 종교인
두 아이의 아빠. 아내가 일찍 죽음. 신실하고 가정적인 기독교인. 호머한테 주로 당하는 역할.

바트
주인공
초등학교 4학년, 리사보다 2살 많음. 공부는 못하지만, 장난치는 데는 우등생. (실제로) 타임지에 20세기에 가장 중요한 인물 100인 중 한 명으로 선정되어 논란이 됨.

매기
막내

번즈
100살 사장

스미더스
번즈의 비서

모
술집 주인

밀하우스
바트의 친구

스키너
불쌍한 교장

| 7
Ranking | 53%
man | 47%
woman | 10
age | 20
age | 30
age | 40
age |

장르
코미디

26시즌 (574편)
1989~

추천 에피소드
7-17, 8-23, 8-15

추천 미드
퓨처라마

난이도
★★

100세인 번즈는 원자력 발전소를 운영하는 갑부입니다. 그런데 욕조에서 목욕하던 중, 스미더스가 번즈의 머리에 올리고 간 목욕스펀지의 무게를 못 이기고 익사할 뻔합니다. 그 경험 때문에 죽음 이후의 일을 걱정하게 되고, 자신이 죽더라도 자신의 재산을 받을 상속자를 찾습니다. 그래서 영화 상영 전에 상속자 모집 오디션 광고를 냅니다.

오디션에서 밀하우스가 넘치는 사랑을 드리겠다고 했다가 실패하자, 마마보이인 밀하우스가 말합니다: My mom says I'm cool. 바트는 호머가 써준 맞춤법이 엉망인 쪽지로 돈을 달라고 읽었다가, 번즈의 부츠에 엉덩이를 걷어차이며 쫓겨납니다. 화난 바트는 돌을 던져 번즈의 집 창문을 모두 깨버립니다. 그 모습을 본 번즈는 자신의 악랄한 모습과 닮았다며 바트를 양아들로 받아들이게 됩니다.

바트는 처음에는 번즈의 무서운 모습이 싫었지만, 자신이 좋아하는 광대 크러스티에게 피자 배달까지 시킬 정도로 원하는 모든 것을 가질 수 있는 번즈를 좋아하게 됩니다. 반면에, 바트에게 나쁜 짓을 하지 못하게 하는 원래의 가족들은 싫어하게 됩니다.

번즈는 바트를 불러서 재미있는 놀이라면서, 직원들을 한 명씩 불러서 해고합니다. 그런데 다음에 해고당할 사람으로 호머가 들어오고, 번즈는 바트에게 해고하라고 합니다. 친아빠를 해고해야 할 상황에서 바트는 고민합니다.

She thinks [that] it means love.

누가	한다	[한 문장을]	누가	한다	무엇을
그녀가	생각한다	[한 문장을]	그것이	의미한다고	사랑을

앞 단원에서 '누가-한다-무엇을'에서 '무엇을' 대신에 'to+한다'를 썼다면, 여기에서는 '무엇을' 대신에 'that+문장(누가-한다-무엇을)'을 쓴다. 여기에서 that은 [한 문장을]로 해석한다.

---

873 그들은 [한 문장을] 생각한다
그가 그들을 납치한(가져간)다고.
로스트 1-11 월트 **Hint** take

___누가___ ___한다___ [___한 문장을___]
___누가___ ___한다___ ___무엇을___

장면 월트가 소이어에게 도움을 요청할 때.

874 나는 [한 문장을] 생각한다
네가 '봐라'를 말한다고.
모던패밀리 3-10 루크 **Hint** say, look

___누가___ ___한다___ [___한 문장을___]
___누가___ ___한다___ ___무엇을___

장면 글로리아의 발음이 좋지 않아서 제 이름(Luke, 장모음)을 부를 때 꼭 'look(단모음)'라고 하는 것 같아요.

875 나는 [한 문장을] 생각한다.
그들이 저 장소를 닫는다고.
심슨가족 8-19 크러스티 **Hint** close

___누가___ ___한다___ [___한 문장을___]
___누가___ ___한다___ ___무엇을___ ___무엇을___

장면 스키너(교장)와 에드나(선생)의 불륜을 비난할 때. children을 cauldron(가마솥)으로 들은 크러스티가.

876 나는 [한 문장을] 생각한다
한 소년이 나를 좋아한다고.
빅뱅이론 5-10 에이미 **Hint** boy

___누가___ ___한다___ [___한 문장을___]
___누가___ ___누가___ ___한다___ ___무엇을___

장면 그 소년은 네가 남자친구가 있는지 모르나 보네? 하긴 네가 가진건 남자친구가 아니라 쉘든이니까.

익힌 단어		익힐 단어	
think [θiŋk]	생각하다	look [luk]	눈을 향하다, 보다
take [teik]	가져가다	say [sei]	말하다
close [klouz]	닫다, 가까운	mean [mi:n]	의미하다
love [lʌv]	사랑, 사랑하다	police [pəlí:s]	경찰
place [pleis]	장소	wonder [wʌndər]	궁금해하다
boy [bɔi]	소년	secret [sí:krit]	비밀
		number [nʌmbər]	숫자
		hate [heit]	싫어하다

참고: 4시간에 끝내는 영화영작:기본패턴 12단원

877 그들은 [한 문장을] 생각한다
그가 그들을 가져간다고.

They think that
he takes them.

878 나는 [한 문장을] 생각한다
네가 '봐라'를 말한다고.

I think that
you say 'look'.

879 나는 [한 문장을] 생각한다
그들이 저 장소를 닫는다고.

I think that
they close that place.

880 나는 [한 문장을] 생각한다
한 소년이 나를 좋아한다고.

I think that
a boy likes me.

881 그녀는 [한 문장을] 생각한다
그것이 사랑을 의미한다고.

She thinks that
it means 'love'.

882 우리는 [한 문장을] 생각한다
그녀가 숫자들을 싫어한다고.

We think that
she hates numbers.

883 마이크는 [한 문장을] 생각한다
그 경찰들이 그 비밀을 궁금해한다고.

Mike thinks that
the police wonder the secret.

정답 1 They think that he takes them.
2 I think that you say 'Look'.
3 I think that they close that place.
4 I think that a boy likes me.

반복 1회 ☐
횟수 2회 ☐
3회 ☐
4회 ☐

I think [that] the dog is fast.

누가 / 한다 / [한 문장을] / 누가 / 상태모습이다 / 어떤
내가 생각한다 [한 문장을] 그 개가 상태모습이다 빠른

'that' 뒤에 오는 문장이 '누가-상태모습이다-어떤'의 구조도 가능하다.
이 단원에서 나오는 'that'은 생략이 가능하지만(주로 생략한다), 학습을 위해 생략하지 않고 연습한다.

---

884 너는 [한 문장을] 생각한다
내가 멍청하다고.
로스트 3-1 잭 **Hint** stupid

___누가___ ___한다___ [한 문장을]
___누가+상태모습___ ___어떤___

장면 아니에요. 단지 고집부린다고 생각해요(줄리엣). 감옥에 갇혀있는 잭에게.

885 나는 [한 문장을] 생각했다
너는 달랐다고.
글리 1-20 커트의 아빠 **Hint** different

___누가___ ___한다___ [한 문장을]
___누가___ ___상태모습___ ___어떤___

장면 커트의 집에서 살게 된 핀이 커트에게 호모(faggy) 같다고 소리칠 때. 그것을 본 아빠가 핀에게.

886 나는 [한 문장을] 생각한다
나는 과민반응하는 중이었다고.
모던패밀리 1-11 필 **Hint** overreacting

___누가___ ___한다___ [한 문장을]
___누가___ ___상태모습___ ___어떤___

장면 심한 복통(신장결석)으로 소리를 듣고 몰려온 가족들에게.

887 나는 [한 문장을] 생각했다
이 우정이 진짜일지도 모른다고.
가십걸 4-13 블레어 **Hint** friendship

___누가___ ___한다___ [한 문장을]
___누가___ ___누가___ ___상태모습___ ___상태모습___ ___어떤___

장면 그렇게 믿고 너에게 인턴 자리를 양보한 나는 바보였다.

익힌 단어

friendship [fréndʃip] 우정
stupid [stjúːpid] 멍청한
parents [péərənts] 부모님
thought [θɔːt] 생각했다(think의 과거 형태)

익힐 단어

strange [streindʒ] 이상한
movie [múːvi] 영화
dangerous [déindʒərəs] 위험한
dog [dɔːg] 개
fast [fæst] 빠른
overreacting [óuvəriǽktiŋ] 과민반응하는 중인
real [ríːəl] 진짜인

참고: 4시간에 끝내는 영화영작:기본패턴 12단원

888 나는 [한 문장을] 생각한다
그 개가 빠르다고.

I think that
the dog is fast.

889 너는 [한 문장을] 생각한다
내가 멍청하다고.

You think that
I'm stupid.

890 그녀는 [한 문장을] 생각한다
부모님들이 이상하다고.

She thinks that
parents are strange.

891 나는 [한 문장을] 생각했다
너는 달랐다고.

I thought that
you were different.

892 나는 [한 문장을] 생각한다
나는 과민반응하는 중이었다고.

I think that
I was overreacting.

893 나는 [한 문장을] 생각했다
이 우정이 진짜일지도 모른다고.

I thought that
this friendship might be real.

894 그들은 [한 문장을] 생각했다
그 영화가 위험했다고.

They thought that
the movie was dangerous.

정답 1 You think that I'm stupid.
2 I thought that you were different.
3 I think that I was overreacting.
4 I thought that this friendship might be real.

반복 1회 ☐
횟수 2회 ☐
3회 ☐
4회 ☐

She knew the dress was terrible.
누가 / 한다 / [한 문장을] 누가 / 상태모습이다 / 어떤
그녀가 알았다   그 드레스가 상태모습이었다 끔찍한

'무엇을'로 'that+문장'을 쓸 수 있는 '한다(=동사)'로 think를 가장 많이 쓰지만, 그 외에도 가능한 동사들이 많이 있다(say, believe, know, care, see, like 등).
이 단원에서는 'that'을 빼고 연습한다.

---

895 나의 엄마는 말한다
내가 멋지다고.
심슨가족 5-18 밀 하우스 **Hint** cool

_누가_ _누가_ _한다_
누가+상태모습 _어떤_

장면 번즈의 상속자 오디션에서 떨어졌을 때.

896 그는 믿는다
우리가 혼자가 아니라고.
엑스파일 1-1 스컬리 **Hint** alone, believe

_누가_ _한다_
누가+상태모습 _상태모습_ _어떤_

장면 의역하면 우리 말고도 다른 생명체들이 있다고.

897 나는 안다
네가 준비되지 않는다고.
빅뱅이론 8-8 에이미 **Hint** ready

_____

_____

장면 에이미가 먼저 고백한 이후에 쉘든의 답변을 기다릴 때.

898 나는 생각하지 않았다
그것이 가능했다고.
심슨가족 10-15 바트 **Hint** possible

_____

_____

장면 교직원들의 이상한 공연을 보고.

132

익힌 단어		익힐 단어	
cool [kuːl]	멋진	**care** [kɛər]	신경 쓰다
say [sei]	말하다	**marriage** [mǽridʒ]	결혼
possible [pásəbl]	가능한	**true** [truː]	진실인
alone [əlóun]	혼자인	**husband** [hʌzbənd]	남편
ready [rédi]	준비된	**gun** [gʌn]	총
		dress [dres]	드레스
		fight [fait]	싸우다
		couple [kʌpl]	두 사람

참고: 4시간에 끝내는 영화영작:기본패턴 12단원

899 나의 엄마는 말한다
내가 멋지다고.

My mom says
I'm cool.

900 그는 믿는다
우리가 혼자가 아니라고.

He believes
we're not alone.

901 나는 안다
네가 준비되지 않는다고.

I know
you're not ready.

902 나는 생각하지 않았다.
그것이 가능했다고.

I didn't think
It was possible.

903 그들은 믿는다
우리의 결혼이 진실 되다고.

They believe
our marriage is true.

904 그녀는 알았다
그 드레스가 끔찍했다고.

She knew
the dress was terrible.

905 나는 신경 쓰지 않는다
나의 남편이 그 커플과 싸우는 것을
[한 총과 함께].

I don't care
my husband fights the couple
with a gun.

정답 1 My mom says I'm cool.
    2 He believes we're not alone.
    3 I know you're not ready.
    4 I didn't think it was possible.

반복 1회 ☐
횟수 2회 ☐
3회 ☐
4회 ☐

GAME OF THRONES

66분

왕좌의 게임

왕좌를 위해 싸우는 7개의 국가. 용, 마법, 좀비 등 다양한 세계관이 조화롭고 사실적으로 묘사된다. 전쟁, 사랑, 배신, 반전의 21세기 최고의 판타지.

존 스노우
스타크 가의 서자(첩의 아들)
검술이 뛰어남. 서자 콤플렉스를 극복하고자 북쪽 장벽을 지키는 집단(나이트 워치)에 지원. 선한 마음으로 올바른 길을 가려 한다.

에다드
북쪽의 왕

캐틀린
북쪽의 여왕

롭
스타크의 장자

세르세이
나쁜 여왕
7왕국의 실제 통치자. 친오빠 제이미 사이에서 조프리가 태어나지만 비밀로 함. 원하는 것을 얻기 위해 무슨 짓이든 하는 악녀. 바른 소리 하는 티리온을 싫어함.

제이미
전 왕 살해자
라니스터가의 장자. 세르세이와의 관계를 눈치 챈 브랜을 절벽에서 떨어뜨리는 등 악랄한 모습을 보이지만 후반부에서 반전의 모습을 보인다. 한쪽 팔을 잃음.

브랜
빙의 마법사?

아리아
암살자?

산사
기구한 운명

조프리
폭군 왕, 첫째

미르셀라
정략 결혼, 둘째

토멘
껍데기 왕, 셋째

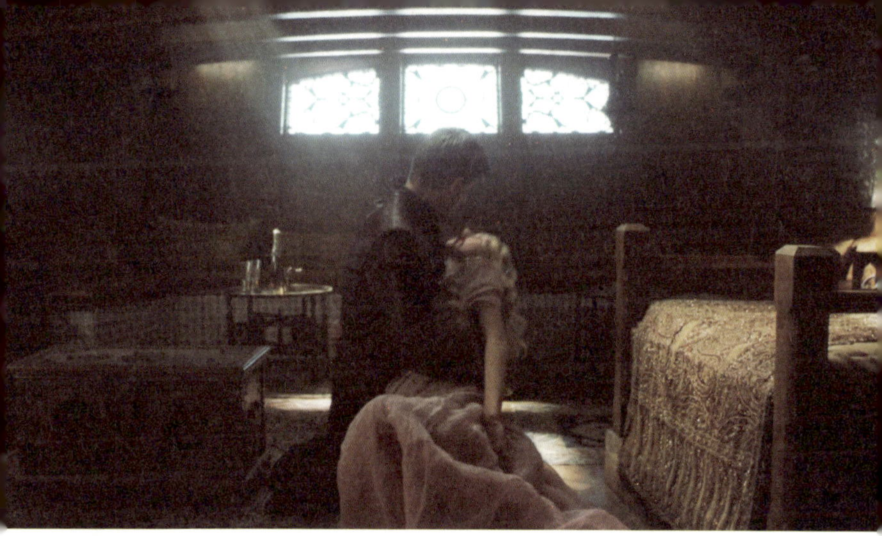

장르	5시즌 (50편)	추천 에피소드	추천 미드	난이도
판타지, 드라마	2011~(2017)	5-8, 3-9, 5-9, 4-2	스파르타쿠스, 로마	★★★★★

사랑하는 사람(혹은 친구조차)을 자신의 의지로 선택할 수 있을까요?

　제이미는 세르세이(여왕)의 친오빠이자 숨겨진 연인입니다. 그 사이에서 3자녀가 태어나지만, 백성들은 3명 모두 전 왕의 자식이라고 생각합니다. 과거에 제이미는 전 왕으로부터 무리한 요구를 듣고 왕을 죽였습니다. 이 후 첫째인 조프리가 왕위에 오르지만 독살당하고, 셋째가 왕이 됩니다. 셋째는 약한 성격이라서 실제 통치는 세르세이가 합니다. 심지어 자신의 부인조차 세르세이에게 밉보여 감옥에 끌려갑니다.

　여왕의 자녀 중 둘째인 미르셀라(여자)는 정략결혼으로 마르텔가에 갔습니다. 그런데 마르텔가와 세르세이(여왕)의 사이는 좋지 않습니다. 여왕은 조프리가 죽자 제이미에게 미르셀라를 데려오라고 합니다. 제이미는 자신을 삼촌으로 알고 있는(?) 딸(미르셀라)을 만나지만, 딸은 마르텔가의 왕자와 사랑에 빠져서 돌아오려고 하지 않습니다. 그래서 딸은 왕자가 같이 가는 조건으로 돌아오게 됩니다.

　돌아오는 배에서 제이미는 딸에게 '사람들은 자신의 마음대로 사랑하는 사람을 선택할 수 없다'며 은유적으로 자신과 왕비의 관계를 말합니다: We don't choose who we love. 하지만 딸은 이미 그 관계를 눈치챘다며 감사의 마음을 전합니다. 그 순간 딸의 코에서 피가 흐르면서, 출발할 때 시누이(?)에게 받은 키스의 독이 퍼져 죽습니다.

A man likes you.
누가   한다   무엇을
한 남자가   좋아한다   너를

'관계대명사(that, who, which, whom, what)'를 익히기 위해 기본 문장을 먼저 익힌다.

906 나는 기억들을 가진다.
로스트 3-21 찰리 **Hint** memory

장면 죽으러 가기 전에 클레어에게 편지를 전해달라며.

907 그들은 어떤 것을 말한다.
위기의 주부들 7-19 리네 **Hint** say

장면 '못생김+돈=잘생김'이라고. 그런 사람을 나 소개해줘.

908 너의 날은 어떤 것을 가진다.
가십걸 4-14 나레이션 **Hint** has

장면 그리고 넌 그게 뭔지 절대 알 수 없다.

909 너는 한 남자를 만난다.
왕좌의 게임 3-4 크래스터 **Hint** meet

장면 99명의 아들을 가진. 그리고 딸은 셀 수도 없을 만큼 가졌어. 그게 나야.

익힌 단어
something [sʌmθiŋ] 어떤 것
build [bild] 짓다
meet [mi:t] 만나다
say [sei] 말하다
like [laik] 좋아하다
have [hǽv] 가지다
man [mæn] 남자

익힐 단어
memory [méməri] 기억
day [dei] 날, 일

참고: 4시간에 끝내는 영화영작:기본패턴 1단원

910 나는 기억들을 가진다.　　　　　　　　　　　　I have memories.

911 한 남자는 너를 좋아한다.　　　　　　　　　　　A man likes you.

912 그들은 어떤 것을 말한다.　　　　　　　　　　　They say something.

913 너의 날은 어떤 것을 가진다.　　　　　　　　　Your day has something.

914 너는 한 남자를 만난다.　　　　　　　　　　　　You meet a man.

915 한 남자는 그것을 짓는다.　　　　　　　　　　　A man builds it.

916 한 남자는 너의 기억을 가진다.　　　　　　　　A man has your memory.

정답 1 I have memories.
2 They say something.
3 Your day has something.
4 You meet a man.

반복 1회 ☐
횟수 2회 ☐
　　　3회 ☐
　　　4회 ☐

I know a man that likes you.

누가　　　한다　　　　누구를　　　[그 누구는]　　한다　　　무엇을
내가　　안다　　　한 남자를　　　[그 남자는]　　좋아한다　　너를

'누가(I)-한다(know)-무엇을(a man)'에서 '무엇을(선행사)'을 문장으로 설명하고 싶은 경우, '무엇을' 뒤에 'that'으로 시작해서 설명할 수 있다. 이 'that'은 앞의 '무엇을(a man)'을 일컫는다. 여기서는 'that'이 뒤 문장에서 '누가'인 경우만 나온다.
구조는 '누가-한다-무엇을/[누가(that=the man)]-한다(likes)-무엇을(you)'

---

917 나는 한 남자를 안다
[그 남자는] 너를 만난다.
왕좌의 게임 3-4 크래스터　**Hint** meet

　　누가　　　　　한다　　　　무엇을　　　　무엇을
[그 남자는]　　　한다　　　　무엇을

장면 99명의 아들을 가진. 그리고 딸은 셀 수도 없을 만큼 가졌어. 그게 나야.

918 나는 한 남자를 안다
[그 남자는] 그것을 짓는다.
빅뱅이론 2-23 레너드　**Hint** build

　　누가　　　　　한다　　　　무엇을　　　　무엇을
[그 남자는]　　　한다　　　　무엇을

장면 네가 그것을 만들어서 우리를 유명하게 만들 거야. 그러니 쉘든이 싫어도 북극에 같이 가자.

919 나는 한 남자를 안다
[그 남자는] 너의 기억을 가진다.
로스트 3-21 찰리　**Hint** memory

　　누가　　　　　한다　　　　무엇을　　　　무엇을
[그 남자는]　　　한다　　　　무엇을　　　　무엇을

장면 죽으러 가기 전에 클레어에게 편지를 전해달라며.

920 나는 한 남자를 안다
[그 남자는] 올곧은(남녀인) 부모를 가진다.
모던패밀리 2-10 미첼　**Hint** straight

　　누가　　　　　한다　　　　무엇을　　　　무엇을
[그 남자는]　　　한다　　　　무엇을　　　　무엇을

장면 그 사람은 아돌프 히틀러지. 말도 안 되는 논리를 펴는 미첼.

익힌 단어		익힐 단어	
problem [prábləm]	문제	**lady** [léidi]	숙녀
build [bild]	짓다	**bed** [bed]	침대
		cause [kɔːz]	야기하다, 일으키다
		pay [pei]	지불하다
		learn [ləːrn]	배우다
		straight [streit]	올곧은, 동성애가 아닌
		straight parents [streit pέərənts]	남녀로 이뤄진 부모

참고: 4시간에 끝내는 영화영작:기본패턴 21단원

921 나는 한 남자를 안다
[그 남자는] 너를 좋아한다.

I know a man
that likes you.

922 나는 한 남자를 안다
[그 남자는] 너를 만난다.

I know a man
that meets you.

923 나는 한 남자를 안다
[그 남자는] 그것을 짓는다.

I know a man
that builds it.

924 나는 한 남자를 안다
[그 남자는] 너의 기억을 가진다.

I know a man
that has your memory.

925 나는 한 남자를 안다
[그 남자는] 어떤 것을 배운다.

I know a man
that learns something.

926 나는 숙녀들을 안다
[그 숙녀들은] 너를 좋아하지 않는다.

I know ladies
that don't like you.

927 나는 한 침대를 안다
[그 침대는] 문제들을 일으킨다.

I know a bed
that causes problems.

정답 1 I know a man that meets you.
2 I know a man that builds it.
3 I know a man that has your memory.
4 I know a man that has straight parents.

반복 1회 ☐
횟수 2회 ☐
3회 ☐
4회 ☐

8시간에 끝내는 기초영어 미드천사: 기초회화 패턴

I know a man that you like.

누가 / 한다 / 누구를 / [그 누구를] / 누가 / 한다
내가 / 안다 / 한 남자를 / [그 남자를] / 너는 / 좋아한다

'무엇을'을 문장으로 설명할 때, 'that'이 뒤의 문장에서 '무엇을'의 역할을 할 수도 있다.
문장의 구조는 '누가(I)-한다(know)-무엇을(a man)-[무엇을(=that)]-누가(you)-한다(like)'

---

928 나는 한 남자를 안다
[그 남자를] 너는 만난다.
왕좌의 게임 3-4 크래스터   **Hint** meet

___누가___ ___한다___ ___무엇을___ ___무엇을___
[그 남자를] ___누가___ ___한다___

장면 99명의 아들을 가진. 그리고 딸은 셀 수도 없을 만큼 가졌어. 그게 나야.

929 나는 한 남자를 안다
[그 남자를] 너의 기억이 가진다.
로스트 3-21 찰리   **Hint** memory

___누가___ ___한다___ ___무엇을___ ___무엇을___
[그 남자를] ___누가___ ___한다___

장면 죽으러 가기 전에 클레어에게 편지를 전해달라며.

930 나는 어떤 것을 안다
[그 어떤 것을] 너는 지불한다.
가십걸 5-10 나레이션   **Hint** pay

___누가___ ___한다___ ___무엇을___
[그 어떤 것을] ___누가___ ___한다___

장면 알베르 카뮈에 의하면 인생은 선택의 연속이며 잘못된 선택을 하면 어떤 지불해야 될지는 모르지.

931 나는 어떤 것을 안다
[그 어떤 것을] 나는 배운다.
모던패밀리 2-22 클레어   **Hint** learn

___ ___ ___
___ ___ ___

장면 원하는 것을 그냥 기다리지 말고 쟁취해야해. 캠이 아프면 혼자서라도 레이디 가가 콘서트에 가.

익힌 단어		익힐 단어	
man [mæn]	남자	**pay** [pei]	지불하다
meet [miːt]	만나다		
memory [méməri]	기억		
know [nou]	알다		
learn [ləːrn]	배우다		

참고: 4시간에 끝내는 영화영작:기본패턴 21단원

932 나는 한 남자를 안다
[그 남자를] 너는 좋아한다.

I know a man
that you like.

933 나는 한 남자를 안다
[그 남자를] 너는 만난다.

I know a man
that you meet.

934 나는 한 남자를 안다
[그 남자를] 너의 기억이 가진다.

I know a man
that your memory has.

935 나는 한 남자를 안다
[그 남자는] 너를 좋아한다.

I know a man
that likes you.

936 나는 어떤 것을 안다
[그 어떤 것을] 너는 지불한다.

I know something
that you pay.

937 나는 어떤 것을 안다
[그 어떤 것을] 나는 배운다.

I know something
that I learn.

938 나는 한 남자를 안다
[그 남자는] 너를 만난다.

I know a man
that meets you.

정답 1 I know a man that you meet.
2 I know a man that your memory has.
3 I know something that you pay.
4 I know something that I learn.

반복 1회 ☐
횟수 2회 ☐
3회 ☐
4회 ☐

I know the office which you like.
누가 　한다　　　　　　무엇을　　　　　[그 무엇을]　　　누가　　한다
내가 좋아한다　그 사무실을　[그 사무실을] 너는　좋아한다

'that'은 사람이나 사물에 관계없이 쓰지만, 'who'는 사람에만, 'which'는 사물에만 쓴다.
학습을 위해 이번엔 'that'은 쓰지 않고, 'who'와 'which'만 쓴다.

939 나는 한 남자를 모른다
[그 남자를] 너는 만난다.
왕좌의 게임 3-4 크래스터　**Hint** meet

　누가　　　한다　　　한다　　　무엇을　　　무엇을
[그 남자를]　　누가　　　한다

장면 99명의 아들을 가진. 그리고 딸은 셀 수도 없을 만큼 가졌어. 그게 나야.

940 너는 어떤 것을 모른다
[그 어떤 것을] 너의 날이 가진다.
가십걸 4-14 나레이션　**Hint** has

　누가　　　한다　　　한다　　　무엇을
[그 어떤 것을]　　누가　　　누가　　　한다

장면 그리고 넌 그게 뭔지 절대 알 수 없다.

941 너는 그 가격을 모른다
[그 가격을] 너는 지불한다.
가십걸 5-10 나레이션　**Hint** pay

　누가　　　한다　　　한다　　　무엇을　　　무엇을
[그 어떤 것을]　　누가　　　한다

장면 알베르 카뮈에 의하면 인생은 선택의 연속이며 잘못된 선택을 하면 어떤 지불을 해야 될지 모르지.

942 우리는 그 진실을 모른다
[그 진실을] 그들이 숨긴다.
왕좌의 게임 3-3 캐틀린의 삼촌　**Hint** hide

장면 캐틀린이 잃은 자식을 생각하며 눈물을 흘릴 때.

익힌 단어

truth [truːθ] 진실
pay [pei] 지불하다
day [dei] 날

익힐 단어

office [ɔ́ːfis] 사무실
news [njuːz] 뉴스
promise [prámis] 약속하다
write [rait] 쓰다
paper [péipər] 종이
someone [sʌ́mwʌn] 누군가
hide [haid] 숨기다
price [prais] 가격

참고: 4시간에 끝내는 영화영작:기본패턴 21단원

943 나는 그 사무실을 안다
[그 사무실을] 너는 좋아한다.

I know the office
which you like.

944 나는 한 남자를 모른다
[그 남자를] 너는 만난다.

I don't know a man
who you meet.

945 우리는 그 진실을 모른다
[그 진실을] 그들이 숨긴다.

We don't know the truth
which they hide.

946 너는 그 가격을 모른다
[그 가격을] 너는 지불한다

You don't know the price
which you pay.

947 나는 누군가를 안다
[그 누군가는] 그 뉴스를 좋아하지 않는다.

I know someone
who doesn't like the news.

948 너는 어떤 것을 모른다
[그 어떤 것을] 너의 날이 가진다.

You don't know something
which your day has.

949 나는 어떤 것을 약속한다
[그 어떤 것을] 너는 적는다
[그 종이 위에].

I promise something
which you write
on the paper.

정답 1 I don't know a man who you meet.
2 You don't know something which your day has.
3 You don't know the price which you pay.
4 We don't know the truth which they hide.

반복 1회 ☐
횟수 2회 ☐
3회 ☐
4회 ☐

I am the man who you like.
누가 상태모습이다   어떤   [그 어떤을]   너는   좋아한다
내가 상태모습이다 그 남자인   [그 남자를]   너는   좋아한다

관계대명사(that, who, which) 앞에 꼭 '누가-한다-무엇을'구조만 나와야 하는 것은 아니다. 여기서는 '누가-상태모습이다-어떤'구조가 나온다.
여기서도 학습을 위해 'that'은 쓰지 않고, 'who'와 'which'만 쓴다.

---

950 너는 그 사람이다
[그 사람을] 나는 신뢰한다.
엑스파일 3-23 멀더   **Hint** trust, person

| 누가+상태모습 | 어떤 | 어떤 |
| [그 사람을] | 누가 | 한다 |

장면 1-17에 스컬리가 멀더에게 했던것과 같은말.

951 너는 그 남자이다
[그 남자는] 그 설비를 짓는다.
빅뱅이론 2-23 레너드   **Hint** build, equipment

| 누가+상태모습 | 어떤 | 어떤 |
| [그 남자는] | 한다 | 무엇을 | 무엇을 |

장면 네가 그것을 만들어서 우리를 유명하게 만들거야. 그러니 쉘든이 싫어도 북극에 같이 가자.

952 이것이 그 남자이다
[그 남자는] 너를 죽이려고 한다.
왕자의 게임 5-9 데네리스   **Hint** kill

| 누가 | 상태모습 | 어떤 | 어떤 |
| [그 남자는] | 한다 | 무엇을 | 무엇을 | 무엇을2 |

장면 너는 투기장에서 그런 남자와 싸워본 적이 있나?

953 그것은 어떤 것이다
[그 어떤 것은] 우리를 [그 동물들로부터] 나눈다.
심슨가족 5-8 호머   **Hint** animal, separate

| 누가+상태모습 | | |
| [| |] |

장면 보이스카우트를 그만두지 못하게 하는 마지와 하던 일을 그만둘줄도 알아야 한다는 호머.

익힌 단어

it [it] 그것은, 그것을
this [ðis] 이, 이것
kill [kil] 죽이다
trust [trʌst] 신뢰하다
build [bild] 짓다
person [pə́ːrsn] 사람

익힐 단어

equipment [ikwípmənt] 설비
separate [sépərèit] 나누다
animal [ǽnəməl] 동물
sign [sain] 신호
moment [móumənt] 순간
wish [wiʃ] 소망하다
pick [pik] 고르다

참고: 4시간에 끝내는 영화영작:기본패턴 21단원

954 나는 그 남자이다
[그 남자를] 너는 좋아한다.

I'm the man
who you like.

955 너는 그 사람이다
[그 사람을] 나는 신뢰한다.

You're the person
who I trust.

956 너는 그 남자이다
[그 남자는] 그 설비를 짓는다.

You're the man
who builds the equipment.

957 이것이 그 신호였다
[그 신호를] 그들이 골랐다.

This was the sign
which they picked.

958 이것이 그 남자이다
[그 남자는] 너를 죽이려고 한다.

This is the man
who tries to kill you.

959 그것이 그 순간이다
[그 순간을] 너는 소망한다.

It's the moment
which you wish.

960 그것은 어떤 것이다
[그 어떤 것은] 우리를 나눈다
[그 동물들로부터].

It's something
which separates us
from the animals.

정답 1 You're the person who I trust.
2 You're the man who builds the equipment.
3 This is the man who tries to kill you.
4 It's something which separates us from the animals.

반복 1회 ☐
횟수 2회 ☐
3회 ☐
4회 ☐

I know what you like.
누가 　　한다 　　[무엇을] 　　누가 　　한다
내가 　안다 　　[무엇을] 　　너는 　　좋아한다

'누가-한다-무엇을'에서 '무엇을'이 없이 바로 'who/which/what'이 올 수도 있다.
이 경우에 'who/which/what'이 앞의 '무엇을'을 포함한다.
'누가(I)-한다(know)-무엇을(what), 무엇을(what)-누가(you)-한다(like)'
이 단원에서는 who와 what만 쓴다.

---

961 너는 안다
[무엇을] 그들이 말하는지.
가십걸 2-1 나레이션　**Hint** say

　　누가　　　　　한다
[　무엇을　]　　누가　　　한다

장면 남자가 기다리는 집보다 남자를 데리고 같이 집에 가는 게 더 좋으니까. 블레어에게 생긴 새 남친.

962 나는 모른다
[누가] 나인지.
가십걸 4-10 세리나　**Hint** am

　　누가　　　　한다　　　　한다
[　누가　]　　상태모습　　　어떤

장면 제니와 바네사가 꾸민 음모(양다리, 자퇴, 약물 등)에 의해 필름이 끊겼다 깨어나서.

963 너는 모른다
[무엇을] 너의 날이 가지는지.
가십걸 4-14 나레이션　**Hint** has

　　누가　　　　한다　　　　한다
[　무엇을　]　　누가　　　누가　　　한다

장면 그리고 넌 그게 뭔지 절대 알 수 없다.

964 우리는 선택하지 않는다
[누구를] 우리가 사랑하는지.
왕좌의 게임 5-10 제이미　**Hint** love, choose

_____　_____
_____　_____

장면 자신이 아버지임을 숨겼던 일에 대한 변명 중(p.135 참고).

익힌 단어
have to [hǽv tu] (이유가 있어서) ~해야 한다
say [sei] 말하다
day [dei] 날, 일

익힐 단어
imagine [imǽdʒin] 상상하다
run [rʌn] 달리다
choose [tʃuːz] 선택하다
order [ɔ́ːrdər] 주문하다

참고: 4시간에 끝내는 영화영작:기본패턴 21단원

965 나는 안다
[무엇을] 네가 좋아하는지.

I know
what you like.

966 너는 안다
[무엇을] 그들이 말하는지.

You know
what they say.

967 나는 모른다
[누가] 나인 지.

I don't know
who I am.

968 너는 모른다
[무엇을] 너의 날이 가지는지.

You don't know
what your day has.

969 우리는 선택하지 않는다
[누구를] 우리가 사랑하는지.

We don't choose
who we love.

970 그들은 몰랐다
[무엇을] 우리가 주문해야 했는지.

They didn't know
what we had to order.

971 그녀는 달릴 수 없었다
[무엇으로부터]
그녀가 상상한.

She can't run
from what
she imagines.

정답 1 You know what they say.
2 I don't know who I am.
3 You don't know what your day has.
4 We don't choose who we love.

반복 1회 ☐
횟수 2회 ☐
3회 ☐
4회 ☐

33분

닥터 후

50년 넘게(34시즌, 811편, 기네스북) 방영 중인 최장수 SF 영국 드라마.
시간을 여행하는 닥터와 미녀 동반자. 방대한 세계관, 섬세한 복선과 상상력.

닥터
외계인 타임로드

2,000살 이상. 13개(?)의 목숨을 가짐. 타임로드 족과 달렉의 전쟁에서 유일하게 살아남은 생존자. 지구를 멸망시키려는 외계인들에 맞서서 시간을 여행하며 그들을 막는다.
타고 다니는 타임머신(타디스)의 외부는 작은 파란 공중전화 박스이지만, 내부는 거대하다. 어떤 신분증으로든 위조 가능. 모든 것을 고치는(?) 막대기 소지.

에이미
닥터의 동반자

연인이라기엔 멀고, 친구라고 하기엔 가까운 여행의 동반자.
닥터가 부활하면 모습이 바뀌는 것처럼 새 시즌에 새로운 동반자로 종종 바뀐다.
닥터와 한두 번 목숨을 건 여행을 하고 나면 따분한 일상은 살 수 없다고 하지만, 선뜻 여행에 따라나서는 점은 이해하기 힘들다.
남자가 외계인과 더 잘 싸울 것 같은데, 왜 남자 동반자는 없을까?

Bonus Chapter

장르	34시즌 (9시즌)	추천 에피소드	추천 미드	난이도
SF, 드라마, 스릴러	1963 ~ (2015~)	3-10, 4-9, 2-4, 4-8	토치우드	★★★★

반고흐는 생전에 한 개의 작품을 팔았는데, 그것도 동생의 친구가 사준 작품이고, 죽기 전에 모든 작품을 팔았어도 의자 몇 개 밖에 못 샀을 것이라고 합니다. 미술관에서 닥터는 그림 '오베르의 교회'의 이상한 점을 발견하고 그 시대로 가서 반고흐를 찾습니다.

반고흐는 술값 낼 돈이 없어서 자신의 그림을 술 한잔에 팔려고 합니다. 닥터가 한잔 사주려 하지만, 자존심 강한 고흐는 거부합니다. 대신 에이미의 미인계(?)로 친해집니다.

고흐와 대화 중에 에이미가 사라지는데, 쫓아가 보니 아무것도 없습니다. 그때 고흐는 괴물을 피해 도망치라며 허공을 휘젓습니다. 닥터는 그 괴물이 고흐의 그림에 나타났기 때문에, 오베르 교회를 그리러 가면 볼 수 있을 것이라며 교회로 갑니다.

고흐의 도움으로 괴물을 잡게 되고, 감사의 뜻으로 현실의 오르세 미술관에 고흐를 데려갑니다. 큐레이터에게 고흐를 어떻게 생각하냐고 묻자 '삶의 고통을 예술로 승화시킨 역사상 가장 위대한 예술가'라고 합니다. 그리고 고흐를 원래의 시대로 데려다줍니다.

에이미는 고흐가 자살하지 않아 작품이 늘었을 것이라며 닥터의 말을 인용합니다: Time can be rewritten. 다시 현실의 오르세 미술관으로 가지만 작품 수는 같습니다. 상심한 에이미에게 닥터는 '항상 좋은 일이 나쁜 일을 잊게하는 것도 아니고, 나쁜 일이 좋은 일을 의미 없게 만드는 것도 아니다'라고 위로합니다.

Time can be written.

누가 　　　　가능한　상태모습이다　　어떤
시간은　　**상태모습일 수 있다**　　**쓰여진**

11단원 주제문

972 나는 한 친구를 가진다
[그 인터넷에 있는].
I have a friend on the internet. 513

973 나는 맹세한다
[신에게].
I swear to God. 521

974 그것은 온다
[그 시체로부터].
It comes from the body. 523

975 모든 폭풍은 소망을 가져온다
[그것과 함께]
Every storm brings hope with it. 533

976 나는 하나를 부순다
[너의 콩들 중의]
I break one of your nuts. 534

977 너희들은 많은 책을 가진다
[여자들에 관해]
You have many books about women. 544

978 너는 이것을 찾을 것 같다.
You may find this. 554

979 모든 사람들은 너를 원하지 않는다
[그들의 왕을 위해]
Everyone doesn't want you for their king. 546

익힌 단어

time [taim]	시간
swear [swɛər]	맹세하다
nut [nʌt]	견과
may [mei]	(50% 정도) ~할 것 같다
must [məst]	(의무로서) ~해야 한다
real [ríːəl]	진짜인
daughter [dɔ́ːtər]	딸
dig [dig]	파다

익힌 단어

friendship [fréndʃip]	우정
sword [sɔːrd]	칼
darkness [dáːrknis]	어둠
murdered [mə́ːrdərd]	살해된
embarrassing [imbǽrəsiŋ]	부끄럽게 하는 중인
written [rítn]	쓰여진
look [luk]	보인다
bring [briŋ]	가져오다

참고: 기초영어 미드천사:기초회화패턴 1-4단원

980 나는 [너의 딸에게] 말해야 한다.   I must speak to your daughter. 568

981 우리는 다른 하나의 무덤을 파야 할 이유가 있다.   We have to dig another grave. 583

982 너는 (당연히) 한 연예인이 될 것이다.   You're going to be a star. 588

983 이 우정은 진짜일지도 모른다.   This friendship might be real. 601

984 나는 그 칼이다
[그 어둠 안에 있는]   I'm the sword in the darkness. 612

985 그는 살해당해진다.
[이 방 안에서]   He's murdered in this room. 650

986 너는 너 자신을 당황스럽게 하는 중이다.   You're embarrassing yourself. 656

987 너는 예뻐 보인다.   You look pretty. 664

It smells [like feet].
누가   한다
그것은   냄새가 난다   발들 같은

676번 문장

---

988 너는 (나에게) 그 진실을 말했다.   You told me the truth. **703**

989 너의 일은 나를 (슬프게) 만든다.   Your work makes me sad. **753**

990 나는 모든 나의 남자들을 (기다리게) 만든다.   I make all my men wait. **764**

991 나는 당연히 (그에게) 체스를 가르칠 것이다.   I'm going to teach him chess. **782**

992 나는 운다
    왜냐하면 다른 사람들이 멍청하기 때문에.   I cry because others are stupid. **787**

993 언제냐면 네가 한 퍼즐을 할 때이다
    너는 천 명의 친구들이 생긴다.   When you do a puzzle, you get a thousand friends. **797**

994 만약 네가 평화를 원한다면,
    [전쟁을 위해] 준비되어라.   If you want peace, be ready for war. **808**

995 나의 마음은 너를 상처 주기를 원한다.   My heart wants to hurt you. **837**

996 나는 네가 이것을 주는 것을 원한다.   I want you to give this. **853**

익힌 단어		익힌 단어	
truth [tru:θ]	진실	**if** [if]	(만약) ~한다면
sad [sæd]	슬픈	**hurt** [hə:rt]	아프다, 아프게 하다
chess [tʃes]	체스	**different** [dífərənt]	다른
others [ʌðərs]	다른 사람들	**cool** [ku:l]	멋진, 시원한
cry [krai]	울다	**memory** [méməri]	기억
peace [pi:s]	평화	**pay** [pei]	지불하다
because [bikʌz]	(왜냐하면) ~하기 때문에	**who** [hu:]	(그) 누구
when [wen]	(언제냐면) ~할 때	**what** [wat]	(그) 무엇

기초영어 미드천사:기초회화패턴 4-10단원

997 너는 아이들이 너를 보는 것을 원하지 않는다. You don't want kids to see you. 869

998 나는 [한 문장을] 생각한다
한 소년이 나를 좋아한다고.

I think that
a boy likes me. 880

999 나는 [한 문장을] 생각했다
너는 달랐다고.

I thought that
you were different. 891

1000 나의 엄마는 말한다
내가 멋지다고.

My mom says
I'm cool. 885

1001 나는 한 남자를 안다
[그 남자는] 너의 기억을 가진다.

I know a man
that has your memory. 924

1002 너는 그 가격을 모른다
[그 가격을] 너는 지불한다

You don't know the price
which you pay. 941

1003 이것이 그 남자이다
[그 남자는] 너를 죽이려고 한다.

This is the man
who tries to kill you. 952

1004 너는 모른다
[무엇을] 너의 날이 가지는지.

You don't know
what your day has. 963

수고하셨습니다.
6시간에 끝내는 생활영어 회화천사: 5형식/준동사에서
다시 뵙겠습니다.

미드 찾아보기

제목으로 찾기 가나다 순서, 검은색 숫자가 페이지 번호

가십걸
46, 56, 58, 64, 70, 84, 88, 90, 92, 102, 112, 130, 136, 140, 142, 146

글리
50, 62, 88, 90, 92, 94, 98, 100, 104, 108, 108, 120, 122, 130

로스트
46, 52, 56, 58, 60, 74, 82, 82, 94, 104, 122, 124, 128, 130, 136, 138, 140

모던패밀리
46, 50, 62, 64, 64, 72, 78, 80, 82, 84, 88, 90, 102, 104, 122, 124, 128, 130, 138, 140

빅뱅이론
62, 70, 78, 80, 84, 94, 108, 110, 112, 116, 118, 124, 128, 138, 144

심슨가족
60, 72, 74, 78, 82, 92, 112, 128, 132, 144

엑스파일
48, 60, 64, 70, 94, 110, 116, 118, 132, 144

왕좌의 게임
52, 68, 70, 88, 90, 92, 102, 110, 112, 136, 138, 140, 142, 144, 146

위기의 주부들
50, 52, 58, 68, 80, 102, 110, 116, 118, 120, 124, 136

프렌즈
48, 52, 62, 68, 72, 74, 98, 100,

단어로 찾기

Advice
advice 69
alive 81
all 105
alone 69, 133
alphabet 95
angry 113
animal 145
another 61
answer 93
anybody 113
ask 111
attracted 73, 75
attracting 79
bad 81
be going to 63, 105
bear 47
become 85
bed 139
believe 61, 117, 119
best 85
better 101
bird 89, 91
body 49
bone 57
book 51, 53
bought 95
box 53
boy 129
boyfriend 63
bread 83
break 51, 57
break up with 111
broke 111
brought 75
build 137, 139, 145
burning 83
busy 111
buy 117, 119
call 113
care 133
carry 51
catch 103
catch up 103
cause 139
chance 89
chess 105
chocolate 89, 91
choose 147
church 125
close 129
cold 109
come 49
coming 71
company 69
cookie 125
cool 133
couple 133
cry 109
dance 105
dangerous 131
darkness 69
daughter 59

Day
day 137, 143, 147
die 63, 103, 105
different 53
dig 61, 71
dog 131
door 99, 101
dream 47
dreamer 65
dress 133
easy 81
eat 59, 65
eaten 73
embarrasing 79
equipment 145
everything 109, 123
excited 73, 79
exciting 71, 73, 79, 85
eye 111
face 121
fact 119
fake 65
fall 49, 105
fan 63
fast 131
feel 81
feet 83
fight 133
find 57, 59, 65
fish 95
forget 117, 119
friend 47, 85
friendship 65, 131
funny 47
game 111
get 85
girl 73
give 91, 93
go 49, 63, 103, 117
god 49, 111
good 69, 81
goodbye 59
got 95
grandmother 51
grave 61
gun 133
habit 121
hand 109
happen 65
happy 69, 99, 111
hate 129
have 47, 103, 137
have to 61, 147
head 121
heart 93, 117
hell 59
help 103, 123
hero 53
hide 143
hit 113
hold 121, 125
hope 51
hospital 57

Hour
hour 89, 91
house 47
hurt 117, 119
husband 133
idea 89, 91, 95
if 112
imagine 147
internet 47
it 57, 123, 145
job 95
keep 113, 121
kid 91, 121, 125
kill 145
kind 51
king 53
know 53, 141
Korea 49
lady 139
lead 49
learn 139, 141
let 103
life 113
like 83, 137
listen 109
long 93
look 81, 129
losing 71
love 109, 129
lucky 81, 85
mad 113
make 99, 103
man 83, 137, 141
many 53
marriage 85
married 79, 85
marrying 79
may 57
mean 129
meet 47, 137, 141
memory 137, 141
men 123
Mike 91
miss 109
mom 51, 61, 63
moment 145
morning 47
move 105
movie 131
murdered 73, 75, 79
murdering 79
music 99
must 59
myself 95
name 93
need 121
news 143
number 129
nut 51
office 143
old 85
one 51, 119
open 101

Order
order 147
others 109
ourselves 123
overreacting 131
own 93
paper 143
parents 121, 131
party 119
pay 139, 141, 143
peace 113
people 121
perfect 101
pick 145
picture 95
place 129
play 111
playing 71
police 129
possible 133
potato 71
power 93
prayer 111
pretty 81
price 143
problem 69, 139
promise 143
protect 121
proud 73, 75
puzzle 111
ready 113, 133
real 65, 85, 131
reason 53, 89
remember 117, 119, 125
remind 51
respect 53
rest 59
road 49
room 47, 69, 75
run 147
sad 101
saw 47, 53, 111
say 59, 129, 133, 137, 147
school 49, 119
second 85, 89, 91
secret 99, 129
see 125
sell 125
sent 95
separate 145
show 103, 105
sign 145
sister 113
situation 65
smell 83
so 69
some 89
somebody 99, 101
someone 143
something 51, 53, 71, 99, 101, 137
son 53, 75
sound 83

Speak
speak 59
special 99, 101
stand 59
star 63
stay 117
stick 57
storm 51
straight 139
straight parents 139
strange 131
strawberry 83
street 47
stupid 109, 131
suffer 113
swear 49
sword 69
take 59, 129
talk 111
taste 83
taught 95
teach 105
team 103
tell 47, 123
terrible 101
thank 109
that 65, 123
their 53
think 61, 129
this 57, 65, 123, 145
those 61
thought 131
toad 49
told 95
true 133
trust 145
truth 47, 95, 143
try 121, 125
TV 111
understand 123
upset 57
use 65
visit 57
visitor 57
wait 103, 105
walk 59
wall 69
want 53, 117, 119
war 113
watch 111
watcher 69
way 47, 75, 93
wedding 99, 101
will 105
winter 71
wisdom 49, 93
wish 145
women 53
wonder 129
work 61, 95, 99, 101
world 69
write 143
yourself 79

학습 단계

입문	초급

말하기·쓰기 기본서

8문장으로 끝내는
유럽여행 영어회화

8시간에 끝내는
기초영어 미드천사
:왕초보 패턴

8시간에 끝내는
기초영어 미드천사
:기초회화 패턴

4시간에 끝내는
영화영작: 기본패턴

추가 공부

2시간에 끝내는
한글영어 발음천사

1004 어휘
2021년?

6시간에 끝내는
생활영어 회화천사
5형식/준동사

6시간에 끝내는
생활영어 회화천사
전치사/접속사

읽기

직독직해 1,2?
2020년

TOP10
영어공부

직독직해 3?
2020년

직독직해 4?
2021년

듣기는 원어민 음성 MP3로
모든 책(나쁜 수능영어 제외)에 포함되어 있습니다.
문법은 활용 가능한 방식으로
모든 책에 적용되어 있습니다.

중급	고급

4시간에 끝내는
영화영작: 응용패턴

4시간에 끝내는
영화영작: 완성패턴

이상한 나라의 앨리스
디즈니 영화영어 공부

영어명언
만년 다이어리

TOP10
연설문

TOP10
영한대역 단편소설

직독직해 5,6?
2021년

솔로몬의 지혜
잠언 영어성경

나쁜 수능영어

직독직해 7?
2021년

감사드립니다

단락 안에서의 성함은 가나다 순서입니다.

이 책이 나오기까지 작은것조차 신경써주신 **여호와**께 감사드립니다.
요한복음 3:27 요한이 대답하여 이르되 만일 하늘에서 주신 바 아니면 사람이 아무 것도 받을 수 없느니라

이 책의 많은 부분을 다듬어 주고, 루나를 잘 돌보고, 항상 응원해주는 아내 **이향은**께 감사드립니다.

여러모로 신경 써주신 **이순동** 장인어른과 **김분란** 장모님, 이 책의 강의를 위해 매주 시간을 내주신 **김행자** 어머니와 허락해주신 **황오주** 아버지께 감사드립니다.

가르치는 기술이 아닌, 그 기술을 터득하는 법을 알려주신 **권순택** 선생님께 감사드립니다.

집필할 장소를 빌려주신 **서울시 청년창업센터분들**께 감사드립니다.

이 책의 전체 문장을 흔쾌히 녹음, 감수해준 **Daniel Neiman**께 감사드립니다.

책의 설문조사에 도움을 주신 **씨네21과 영어꿀카페** 매니저님께 감사드립니다.

책에 쓰인 산돌 고딕 neo1, 공병각체 폰트를 만들어주신 **산돌 커뮤니케이션**, 맞춤법 검사기를 만들어주신 부산대학교 **인공지능연구실**과 **나라인포테크**, 예쁘게 제작해주신 **동양인쇄(인쇄), 경성문화사(제본)**, 책을 보관 및 정확한 시간에 배송해주시는 **출마로직스** 분들께 감사드립니다.

책을 팔 수 있도록 이벤트 및 관리해주시는 교보문고 **곽현정** MD님, **권영석** MD님, **양현정** MD님, 알라딘 **김채희** MD님, 반디앤루니스 **박병찬** MD님, **이진희** MD님, 북센 **송희수** MD님, 영풍문고 **손준형** MD님, **이진주** MD님, **임두근** MD님, 인터파크 **윤영우** MD님, 랭스토어 **한광석** 팀장님, 각 서점의 외국어 MD님들께 감사드립니다.

제가 성장할 수 있도록 많은 도움을 주신 영어 선생님들(**강수정, 김경환, 문영미, 박태현**), 디자인 선생님들(**김태형, 안광욱, 안지미**), 사업을 탄탄하게 이끌어갈 수 있도록 조언해주신 **장도영** 이사님, **빛과 소금 회사 분들**, **조영하** 아버님, **학생들**께 감사드립니다.

예전 저서를 출간해주신 **리베르, 와이엘북, 위즈덤하우스** 대표님들과 관계자분들께 감사드립니다.

소개 및 이벤트를 진행해주시는 굿모닝팝스 **김은경** 기자님, 씨네21 **박지민** 기자님, 무비스트 **서대원** 편집장님, 블로거링크 **이강섭** 대리님, 뚜르드몽드 **이소윤** 기자님, 바앤다이닝 **이지은** 기자님, 신문사와 잡지사 기자님들께 감사드립니다. 증정 및 리뷰 이벤트 진행해주신 **카페 매니저**님들께 감사드립니다.

네이버 블로그와 네이버 카페 관계자분들, 네이버 책 관계자 분들께 감사드립니다. 흔쾌히 리뷰 써주신 **블로거** 분들께 감사드립니다.

miklish.com 카페 회원분들과 읽어 주신 **독자분들**께 진심으로 감사드립니다.
영어로 원하시는 모든 것을 얻을 수 있도록 최선을 다하겠습니다.

무료 강의!

이 책의 40시간 상당의

저자직강 무료강의를 드립니다.

참여주소: bit.ly/396jz2c